自闭谱系障碍儿童早期干预丛书　　丛书顾问　方俊明

丛书主编　苏雪云

如何理解自闭谱系障碍和早期干预

苏雪云　编著

图书在版编目(CIP)数据

如何理解自闭谱系障碍和早期干预/苏雪云编著 . —北京:北京大学出版社,2014.1
(自闭谱系障碍儿童早期干预丛书)
ISBN 978-7-301-23749-6

Ⅰ.①如… Ⅱ.①苏… Ⅲ.①缄默症—儿童教育—特殊教育 Ⅳ.①G76

中国版本图书馆CIP数据核字(2013)第011706号

书　　名	如何理解自闭谱系障碍和早期干预 RUHE LIJIE ZIBI PUXI ZHANG'AI HE ZAOQI GANYU
著作责任者	苏雪云　编著
责任编辑	李淑方
标准书号	ISBN 978-7-301-23749-6/G·3775
出版发行	北京大学出版社
地　　址	北京市海淀区成府路205号　100871
网　　址	http://www.pup.cn　　新浪微博:@北京大学出版社
微信公众号	通识书苑(微信号:sartspku)　科学元典(微信号:kexueyuandian)
电子邮箱	编辑部 jyzx@pup.cn　总编室 zpup@pup.cn
电　　话	邮购部 010-62752015　发行部 010-62750672　编辑部 010-62767857
印 刷 者	北京虎彩文化传播有限公司
经 销 者	新华书店
	720毫米×1020毫米　16开本　13.25印张　160千字 2014年1月第1版　2023年9月第4次印刷
定　　价	49.00元

未经许可,不得以任何方式复制或抄袭本书之部分或全部内容。
版权所有,侵权必究
举报电话:010-62752024　电子邮箱:fd@pup.cn
图书如有印装质量问题,请与出版部联系,电话:010-62756370

丛书总序

自从1943年,美国精神病医生坎纳(Kenner)首次报道了11例自闭症儿童以来,人们越来越深地认识到自闭症是一种差异性很大的广泛性发展障碍(Pervasive Developmental Disorders,PDD)。当今学术界把自闭症儿童称为自闭谱系障碍(Autism Spectrum Disorders,ASD)儿童。自闭谱系障碍包括卡纳型自闭症、阿斯伯格症这两种主要类型,还包括瑞特综合征(Rett's Disorder)、儿童期分裂障碍(Childhood Disintegrative Disorder)和不确定的广泛性发展障碍(PDD-NOS),被称为"特殊儿童之王"。

为了引起世界各国的广泛关注和高度重视,联合国将每年的4月2日定为世界自闭症日。近年来,许多发达国家的政府、基金会、高等学校和研究机构都增加了研究投入,希望能早日攻克困扰全球的自闭谱系障碍儿童医疗、教育和康复问题。当代自闭谱系障碍的研究已经越出了儿童精神学的范畴,成为儿童精神病学、特殊教育学、语言学、心理学和社会科学等多学科共同关注的研究课题。

从多学科和交叉学科的研究路径来看关于自闭谱系障碍的研究主要有以下几方面：一是从医学、生物学、生理学、神经科学、精神病学的角度，围绕着遗传基因、脑功能、神经传导、精神障碍等问题进行了大量的基础研究，特别关注基因如何影响脑神经的形成和自闭谱系障碍儿童的生物性成因。二是从特殊教育学、儿童心理学、发展心理学的角度，采用实验研究和临床研究相结合的方法来探讨自闭谱系障碍儿童的行为特征、信息加工过程以及评估、干预、训练和教育的原理和方法，并挖掘自闭谱系障碍儿童可能凸显的潜能。三是采用实用语言学和实验语言学的方法来研究自闭谱系障碍儿童的语言发展、语言使用能力、语言活动的神经过程等。四是从社会学、管理学、预防学、人口学、统计学的角度来探讨如何通过社会组织（如人口计生委、妇幼保健机构、残联、社区机构、婴幼儿机构）和社会工作者帮助儿童家长对新生儿童、婴幼儿、高危儿童进行早期筛查、综合评估和鉴定，以便及早地发现和进行早期治疗、康复、干预、训练和教育，同时建立儿童发展的信息库，帮助政府和相关部门制定相应的方针政策。

近年来，这些跨学科与交叉学科的研究形成了一个重要的共识：早期发现、干预和教育是目前唯一有效地降低障碍程度，促进自闭谱系障碍儿童发展的途径。

为了将上述跨学科和交叉学科的研究成果运用于实践，将早期干预的基本理念转化为日常的教育康复活动，北京大学出版社在

2011年推出一套22本的"21世纪特殊教育创新教材"的基础上，又新推出一套"自闭谱系障碍儿童早期干预丛书"。

这套自闭谱系障碍儿童早期干预丛书，由华东师范大学学前教育与特殊教育学院苏雪云博士主编，她曾于2007年到2008年在美国乔治敦大学医学院围绕自闭谱系障碍早期干预进行博士后研究，回国后一直从事自闭谱系障碍和早期干预研究与实践；分册作者均为高校特殊教育学系教师、学前教育学系教师，有丰富的教学与科研实践经验，或者华东师范大学特殊教育学研究生，在研究生导师的指导下，结合自己的教学实践和论文研究参与了分册的共同编写，其比较鲜明的特点如下：

一是读者范围明确，即面对广大自闭谱系障碍儿童的家长和在基层学校、幼儿园从事自闭谱系障碍儿童教育康复工作的一线教师。

二是选题得当，作为一套用来指导自闭谱系障碍儿童家长和教师教育、干预工作的指导手册，各分册选择了自闭谱系障碍儿童发展过程中最突出的社会沟通、人际交往、生活自理、感知运动、认知特点等主要问题进行详细的阐述。

三是内容新颖，丛书各分册都反映了目前国内外有关自闭谱系障碍儿童研究的最新成果，例如，有关社会脑和认知神经科学方面的研究成果、早期干预和社会综合治理的理念、综合评估的方法、行为干预的原理与游戏治疗的方法等。

四是深入浅出，通俗易懂，适合于基础工作者和广大儿童家长的专业阅读水平，避免了经院学究型的旁征博引。

五是突出三"实"，即结合我国当前自闭谱系障碍儿童教育与康复工作的实际，采用大量实证性的案例，充分地显示出作为资源手册，有效地指导广大自闭症儿童家长和一线教师日常活动的实用性。

作为一个特殊教育工作者，我殷切地希望，北京大学出版社两套特殊教育丛书的先后问世，将有力地推动我国特殊教育事业的发展，提高我国自闭谱系障碍儿童的教育和康复水平。

华东师范大学　终身教授
特殊教育研究所　所长
中国高等教育学会特殊教育研究会理事长
方俊明
2013 年 8 月 5 日

写给家长的话

面对一个新生命的来临,每一个母亲和家庭都满怀期待,充满憧憬,而每一个小宝宝生命里最值得信赖也最依赖的就是爸爸妈妈,家庭里多了一个新成员,会给我们带来很多快乐,也带来很多的挑战。第一次喂奶,第一次换尿布,直到看着他对着我们微笑,学会爬,学会站立和自己行走……

每一个孩子都是独一无二的,但当我们发现自己的孩子真的那么特殊的时候,我们会情愿自己的孩子跟别人家的孩子一样。当我们在甜蜜地假想宝宝"会先叫爸爸还是妈妈"的时候,宝宝已经两岁了还什么话都没有,有时候喊他的名字也不理睬我们,宝宝对其他小朋友也没有特殊的兴趣,然后还有一些很冷门的爱好,和我们无法理解的行为……当医生告诉我们,孩子可能是自闭症,或者有自闭症倾向的那一刻,我们还是无法相信,曾经的憧憬和希望似乎崩塌了。

我自己也是一个妈妈,孩子出生时难产,出院后就开始早期干预……因此每一次面对儿童和家庭,那些担忧和焦虑,感同身受。但同时也有一种迫不及待地想要鼓励每位妈妈和爸爸坚强起来去采取积极行动的热望和冲动。

在我国，随着1982年首次报道自闭症，相关的研究和教育训练都在发展，很多家长在儿童2岁前就已经发现了"哪里不对"，但我们的一个调研发现，从家长发现儿童的行为异常，比如"不会主动跟大人有情感的表达""对人没有兴趣""叫他的名字没有反应"等，到家长首次去医院进行检查之间平均有13.7个月的滞后期。而即便在医院得到了诊断，到真正去寻求服务也有6.5个月的滞后期。当然这只是一个平均数字，来咨询的很多家长也有在第一时间就采取行动的。

自闭谱系障碍曾经被视为是很罕见的一种障碍，大约1万例新生儿里有3例，但目前根据美国疾病预防中心的最新数据，自闭谱系障碍的发生率已经为每88人中有1例（CDC，2012），其发生率高于很多常见的障碍，已经从过去很罕见的疾病发展为较为常见的发育障碍性疾病，甚至超过脑瘫及唐氏综合征的患病率，排在儿童精神发育障碍的首位。但我国目前还没有确定的关于这一障碍的统计数据，根据2006年我国第二次全国残疾人抽样调查结果显示，0~6岁精神残疾儿童（含多重）占该年龄段儿童总数的1.01‰，其中自闭症儿童占精神残疾儿童总数的36.9%，约为4.1万人。虽然没有关于流行率的确定结论，但一般认为我国现有400万到1000万的自闭谱系障碍患者，其中包括100万到300万的儿童。

作为自闭谱系障碍中被研究最多的自闭症，也被称为"特殊儿童之王"，自闭症的病因还不明确，较为一致的看法是"这由于脑的发展、神经化学和遗传等因素的异常所引起",尚无有效的针对自闭症核心障碍的药物治疗途径,同时这类儿童大多数还伴有智力发育障碍、学习障碍、癫痫等其他障碍或疾病,其干预和教育一直是难点。作为一种起病于婴幼儿期的发展性障碍,通常在3岁前其症状就已显现,包括:沟通和社会交往的质的损伤;狭窄的、重复的、刻板的行为模式、兴趣与活动,且很多患者在成年后依然存在这些领域的缺陷,特别是在社会交往方面有严重障碍,在日常生活和谋生技能方面有严重缺陷,成为伴随终生的一种障碍,对患者及其家庭造成极大压力,同时也给社会带来很大的问题。

目前自闭谱系障碍的干预方法仅在美国就有上百种之多,由于这一障碍的个体内差异和个体间差异都非常巨大,每个儿童可能适用的有效的干预方法也不尽相同。自闭谱系障碍的治疗和干预领域,目前达成的共识有这样几点:第一,自闭谱系障碍早期干预十分关键,越早干预,愈后越好;第二,多学科协作的干预模式,全面地从儿童的各个领域进行综合干预,包括语言和言语治疗、社会交往技能训练、行为干预、感觉统合等;第三,在融合的环境内提供给自闭谱系障碍儿童与典型发展儿童互动的机会,有助于自闭谱系障碍儿童的发展;第四,家庭和家长在早期干预中的参与和为家长提供支持和培训,有助于自闭谱系障碍儿童的发展;等等。

而我国目前的早期干预机构远远不能满足儿童和家庭的需求,特别是0～3岁阶段,家长们在第一时间发现,第一时间进行干预,是极为关键的。诊断并不是最重要的,早期干预的目标并不是确定儿童的障碍是什么,而是当儿童可能存在特殊发展需要的时候,我们第一时间给予儿童相应的支持和调整,为儿童的发展提供机会和经验,然而很多家长,甚至干预老师不知道如何与自闭谱系障碍的儿童进行互动,也不知道如何开展有效的早期干预,即使是有经验的教师也时常会觉得"巧妇难为无米之炊",因此在很多家长和干预老师的建议下,我们硬着头皮做了这次勇敢的尝试,编写了"自闭谱系障碍儿童早期干预丛书"。

这套丛书的编写得到了很多老师的帮助和支持,非常荣幸地由方俊明教授担任丛书顾问,并由杨广学、王和平、周念丽、杨福义和周波各位教授分别参与分册的编写和指导工作。这套书是在我负责的浦江人才项目"自闭谱系障碍儿童家庭早期干预体系研究"和教育部人文社科青年基金"自闭谱系障碍儿童融合教育支持系统研究(12YJC880090)"和家庭干预的实践成果基础上,由各位作者辛苦完善编写的。在此非常感谢每一位作者的智慧和热情。也非常感谢北京大学出版社的李淑方编辑的支持和督促。丛书的初稿从2009年开始起草,到2011年逐步完善成书,经历了一个艰苦的过程,在写作过程中我们也始终惶恐,自闭谱系障碍的早期干预本身就是一个非常复杂的内容,我们仅仅能在我们的能力范围内与大家分享我们所知道的"皮毛",期望可以抛砖引玉,各位家长和老师在使用本丛书的过程中,能与我们分享你们的体会和意见,或者你们有更好的游戏创意,一起来完善丛书,欢迎写信到 early4ASD@163.com。

每一个儿童都是独一无二的,自闭谱系障碍的儿童具有更特殊的独一无二的特性,我们也知道每个儿童的发展都是很多因素共同促成的,为了方便使用和写作,这套丛书还是分别从不同的角度和领域进行了分册编写。

《如何理解自闭谱系障碍和早期干预》(苏雪云)从整体上给出理解自闭谱系障碍儿童和开展早期干预的一些指南,特别是整合运用其他分册的一些操作建议,包括最新的关于自闭谱系障碍的新进展、家长心态调整、如何开展早期干预等。

《如何在游戏中干预自闭谱系障碍儿童》(朱瑞、周念丽)关注的是游戏在早期干预中的作用,自闭谱系障碍儿童的游戏能力也存在缺陷,其他各个领域的能力可以在学会游戏、进行游戏的过程中得到发展。

接下来的五本分册都将关注"游戏/活动",为家长选取不同领域的游戏提供一些理论指导、儿童发展的基本知识(发展里程碑)等,主体部分为一个一个游戏或者活动。其中《如何发展自闭谱系障碍儿童的沟通能力》(朱晓晨、苏雪云)和《如何发展自闭谱系障碍儿童的社会交往能力》(吕梦、杨广学)两本针对的是自闭谱系障碍儿童的核心障碍——沟通和社会交往存在质的缺陷;《如何发展自闭谱系障碍儿童的自我照料能力》(倪萍萍、周波)单独成册是考虑到很多与自闭谱系障碍儿童一起成长的家长,在自己的孩子成年后都不约而同地认为"自我照料"和生活独立是非常关键的;《如何发展自闭谱系障碍儿童的感知和运动能力》(韩文娟、徐芳、王和平)则为我们提供了丰富的促进感知运动发展的游戏干预方法和活动参考,这也是因为很多自闭谱系障碍儿童在这个领域也存在很多挑战;《如何发展自闭谱系障碍儿童的认知能力》(潘前前、杨福义)独立成册也是家长和教师们的建议,认知能力是基础和综合的能力,也是很多自闭谱系障碍儿童无法自然发展的能力。

这套丛书没有完全覆盖儿童发展的各个领域,主要是根据我们在与自闭谱系障碍儿童和家庭一起开展早期干预的经验的基础上,选取了我们认为较为核心的和干预资料较为丰富的领域来编写,肯定还有其他的内容也是非常重要的,值得日后在实践和研究中不断完善。

再次感谢您选择了这套丛书,这套丛书编写的过程中我们非常强调"基于实证",各位家长和干预教师可以根据自己孩子的情况进行选择使用,这套书不仅实用于已经被诊断为自闭症或者自闭症倾向的儿童,也适合发展迟缓的儿童和可能存在高危发展的儿童。让我们一起努力,为我们的孩子创设一个有意义的童年世界,和我们的孩子一起成长吧!

苏雪云　博士　副教授
华东师范大学特殊教育学系
华东师范大学自闭症研究中心
2013 年 8 月 7 日

目　　录

第一部分　一起来了解自闭谱系障碍 …………………… 1

　一　我的孩子患有自闭谱系障碍（自闭症）吗？ …………… 2

　二　自闭谱系障碍什么时候可以被发现？ ………………… 5

　三　怎样诊断自闭谱系障碍？ ……………………………… 9

　四　自闭谱系障碍儿童需要吃药吗？ ……………………… 17

　五　发现儿童异常，我们可以做什么？ …………………… 24

　六　应该如何平稳度过青春期？ …………………………… 28

　七　自闭谱系障碍可以被治愈吗？ ………………………… 30

第二部分　理解儿童和他们的世界 ……………………… 33

　一　自闭谱系障碍儿童特点 ………………………………… 34

　二　了解典型发展儿童的发展 ……………………………… 38

　三　如何理解自闭谱系障碍儿童？ ………………………… 47

　四　如何判断"令人头疼"的行为是不是问题行为？ …… 54

　五　嗨，我们是这样学习的！我们可以学习！ …………… 62

第三部分　我和我的孩子：父母的功课 …………………… 69
　　一　如何进行自我调整 …………………………………… 70
　　二　家庭支持 ……………………………………………… 79
　　三　我应该怎样去跟周围的人沟通？ …………………… 95
　　四　目前政府对自闭谱系障碍有哪些相关的支持？ …… 98
　　五　给家长的建议 ………………………………………… 103

第四部分　如何理解早期干预 …………………………… 105
　　一　什么是早期干预？多早可以开始干预？ …………… 106
　　二　早期干预对于自闭谱系障碍儿童有什么意义？ …… 109
　　三　家长可以进行早期干预吗？ ………………………… 112
　　四　怎样进行早期干预？ ………………………………… 116
　　五　如何在自然环境内进行早期干预 …………………… 122

第五部分　如何运用本丛书来进行早期干预 …………… 135
　　一　本丛书是怎样设计和编写的？ ……………………… 136
　　二　小米粒的故事：早期干预案例分析 ………………… 144

第六部分　资源推荐 ……………………………………… 181
　　一　推荐儿童书 …………………………………………… 182
　　二　推荐家长书目 ………………………………………… 185

三　推荐app ………………………………………… 188
四　推荐网站 ………………………………………… 192

参考文献 ……………………………………………… 193

第一部分

一起来了解自闭谱系障碍[①]

[①] 感谢吴择效参与第一部分的初稿编写。

理解自闭谱系障碍和早期干预

一、我的孩子患有自闭谱系障碍(自闭症)吗?

儿童是否患有自闭谱系障碍(Autism Spectrum Disorders),这个问题的答案对儿童和整个家庭都有着十分重大的影响,因此回答前一定要仔细、慎重。我们想要了解儿童是否患有自闭谱系障碍,首先要做的就是了解自闭谱系障碍的含义和表现。

自闭谱系障碍一般被认为是一种脑部发育缺陷引起的广泛性发展障碍,我国学者和家长常用"自闭症"或者"孤独症"来指称这一障碍,而在2013年新版的《美国精神障碍诊断和统计手册(第五版)》(DSM-V)中已开始使用自闭谱系障碍来统称在沟通和社交方面有相似困难表现的一系列障碍。没有两个自闭谱系障碍儿童是一模一样的,每个自闭谱系障碍儿童的症状和严重程度都有着或多或少的差别。目前我国广泛应用《美国精神障碍诊断和统计手册(第四版)》(DSM-IV)的标准,其中归纳的亚类型自闭症的核心症状突出表现为在社交、沟通困难和刻板行为,具体可见专栏1-1[①]。

[①] A Parent's Guide to Autism, http://www.autismspeaks.org/family-services/tool-kits/family-support-tool-kits, 2013-09-28.

当儿童表现出专栏中列举的一些症状时,家长可以做什么呢?

第一,家长要更加留心儿童的表现,将儿童的发展情况与各个发展领域的关键时间点及同龄典型发展儿童的发展(详见第二部分专栏2-1)进行比较,也可以应用一些简单的筛查工具进行筛查。

第二,如果还是非常担忧儿童的发展,建议到医疗机构由专业医生进行诊断。条件允许的情况下,可以请特殊教育学、心理学领域的专业人员对儿童进行准确的评估,以便对儿童是否有自闭谱系障碍做出慎重而谨慎的判断。

第三,家长千万不要抱着"等等看"的态度,要努力调整心态。诊断对于后续的康复和干预具有一定的指导意义,但在发现自己的孩子存在"特殊"发展的情况下,最重要的是及时进行干预,要改善儿童的环境,为儿童提供更丰富的与人与物互动的机会,为儿童创造"赶上去"的机会,而不能只是等着儿童自己赶上去。

如果是教师首先发现了儿童的"不同",建议在不同的时间点观察,并及时与家长进行沟通,请家长一起来关注儿童的发展。

另外要强调的是,也不能过分"夸大"儿童的一些"异常"行为表现。在典型发展的过程中,儿童也可能因为好奇而出现重复某些行为或某些话语,也可能因为性格偏内向而较少和同伴说话、玩耍,所以不必一味地将这些表现归结为"自闭症"。我们所说的自闭谱系障碍的症状通常是因为其持续时间或程度与儿童的年龄或典型发展规律不符,存在质的差异,才会将该症状作为判断儿童为发展异常的依据。

专栏1-1

自闭症的核心症状

社交方面	● 与他人谈话时缺乏眼神交流,也不会运用手势和面部表情。 ● 难以理解别人的情感。 ● 不愿意和同龄的伙伴一起玩耍。 ● 在结交朋友、维持与其他同学友谊上存在困难。 ● 不愿与他人分享自己感兴趣的活动。
交流方面	● 语言少。 ● 在语言学习方面存在困难(如速度慢)。 ● 存在重复某些话语的情况(如鹦鹉学舌式语言),说话语调、音量不正常。 ● 造句困难,与他人对话困难。 ● 很少进行模仿或角色扮演。
刻板行为	● 总是无目的地有节奏重复进行一些动作(如不停地摇晃、旋转自己的身体,不停地拍手,用手指敲击桌面)。 ● 对某一特定事物有着不寻常的强烈的兴趣(如总是谈论相同的话题或玩同一事物,知道某一特定事物的大量信息)。 ● 相对于玩具整体,更喜欢玩玩具的一部分(如快速旋转玩具车的车轮)。

二 自闭谱系障碍什么时候可以被发现？

虽然《美国精神障碍诊断和统计手册(第五版)》将自闭谱系障碍的发病时间从3岁以内扩展到整个儿童期，但实际上很多自闭谱系障碍的症状在更早的时候就已经产生。目前较多的自闭谱系障碍儿童要到3岁或3岁以上才去医院进行评估确诊，这很可能会耽误最佳的干预时间。如果家长对儿童的典型发展历程有一定的了解，并且平时多留心儿童的表现，其实可以在更早的时候发现自闭谱系障碍儿童的早期信号。

专栏1-2

早期自闭谱系障碍筛查工具

早期筛查自闭谱系障碍儿童的工具十分有限，现在使用的自闭谱系障碍儿童行为问题筛查的工具中，《婴幼儿自闭症量表》(CHAT)和《幼儿自闭症筛查工具》(STAT)是两种专门用于1.5～2岁儿童自闭症鉴别诊断的工具，而《幼儿自闭症量表

> (修订版)》(M-CHAT)被广泛应用于16～30个月大儿童的筛查。这些工具可以筛检出3岁以前有明显自闭谱系障碍行为的儿童。

有研究数据显示75%～88%的自闭谱系障碍儿童在其出生后的前两年就会表现出自闭谱系障碍的危险信号。而最近,有报告指出一些标准化的测量工具可以对年仅18个月大的儿童进行鉴别诊断。而我们在中国大陆进行的一项调查发现,被调查的自闭谱系障碍的家长中93%的家长在儿童3岁前就发现了儿童可能有"自闭症"的症状,其中超过35%的家长在儿童2岁前就有所觉察,但从最初发现儿童的症状的时间到寻找医学帮助的时间,存在一个长达13.7个月(平均值)的延迟期,而在首次寻找医学帮助到获得确定诊断之间又存在平均11.7个月的延迟期。[1] 这样就很可能在"等等看"的过程中错过了黄金的早期干预时间。

自闭谱系障碍被认为是一种脑部发育缺陷引起的广泛性发展障碍,而儿童早期脑部神经具有很高的可塑性,因此对于自闭谱系障碍特别强调"早发现,早干预"。中国流行一句话是"贵人语迟",家长可能会因此一直抱持"再等等看"的心理期望某天儿童突然发展赶上大

---

[1] Su, X. Y., Long, T., Chen, L. J., & Fang, J. M. (2013). Early Intervention for Children with ASD in China: A Family Perspective", *Infants and Young Children*, Vol 26(2): 111—125.

部队,或者把儿童不说话、不合群的表现简单归为"害羞",从而错过儿童接受诊断、干预的最佳时期。家长是接触自己孩子最多的人,也更容易发现自闭谱系障碍的一些早期信号,因此,家长要相信自己的直觉,并随时关注儿童发展的各个关键期,当您注意到自己的孩子与同龄儿童的发展好像开始有些不同的时候,应及早开始干预。

专栏1-3

婴幼儿可能患有自闭谱系障碍的早期迹象

- 没有眼神接触(如喂食的时候不会看着你)。
- 当你对他/她微笑的时候,不会微笑回应你。
- 对自己的名字没有反应或对熟悉的人的声音没有反应。
- 目光不能追随一个移动的物品。
- 不会用手指某个事物,不会挥手表示再见或者不会使用其他的一些手势用来进行沟通。
- 当你指着一个有趣的物品时,眼睛不会跟随你的手指的方向看。
- 不会故意制造一些响声来引起你的注意。
- 不会主动来拥抱你或者对拥抱没有回应。
- 不会模仿你的动作和面部表情。
- 不会伸手要你抱。

- 不与其他人玩或者分享自己感兴趣或者觉得令人开心的事物。
- 不会寻求帮助或者不会提出简单的要求。

特别强调的是在儿童早期,如果儿童出现以下情况,家长们应该保持警觉,及时关注并采取行动[1]:

- 出生6个月以上仍然没有大笑或其他温馨、快乐的表情;
- 出生9个月以上仍然没有交互性分享的声音、微笑或其他面部表情;
- 出生12个月仍然没有牙牙学语;
- 出生12个月仍然没有交互的手势,如用手指指点、展示、伸手或挥手等;
- 出生16个月仍然没有只言片语;
- 出生24个月仍然没有两个字的有意义短语(不包括仿说或重复)。

除此以外,也有研究者提出如果儿童满18个月并表现出以下的行为的时候,就应考虑对儿童进行自闭谱系障碍的筛查,包括叫名字不反应、眼神交流欠佳、行为刻板不变、脾气暴躁、不和别人玩角色扮演类的游戏、对别人的逗引不予理会、对其他小朋友不感兴趣、曾经会说几个字或简单儿语现在又不会了等。

---

[1] Lubetsky, M. J., McGonigle, J. J., & Handen, B. L. (2008). Recognition of autism spectrum disorder. Speaker's Journal, 8(4), 13—23.

怎样诊断自闭谱系障碍？

尽管研究者已经明确，几个少见基因位点突变可以导致广泛性发展障碍的个别亚型，镜像神经元等认知神经缺陷与自闭谱系障碍有关。目前，对自闭谱系障碍的诊断还没有可用的权威的遗传学检测技术，只有基于行为观察和心理学、教育学方面的测试。

自闭谱系障碍的表现非常不同，因此进行诊断的途径也多种多样。迄今为止，对自闭谱系障碍还没有单一的某一项诊断工具和方法可以完成全部诊断，为了保证诊断的准确性，通常会要求对儿童做出全面的检查评估，从多个领域、多个侧面了解儿童的发展状况。同时，心理学家、儿科医生、治疗师、教育学者等的多方合作对于儿童的评估诊断也是十分重要的。另外，特别需要强调的是，整个过程中家长的参与，是科学诊断的一个重要基础。

自闭谱系障碍疑似病例的综合评估，必须包括儿童成长史的评估、父母访谈、必要的医学检验、对儿童的观察、认知和适应功能的标准化测试，以及对社交、沟通交流技能的直接评估。

当前，自闭谱系障碍的诊断标准主要有美国精神病学会出版的《美国精神障碍诊断和统计手册（第五版）》(DSM-V)、《世界卫生组织关于精神与行为障碍的诊断标准（第十版）》(ICD-10)，以及《中华精神科学会中国疾病分类诊断标准》(CCMD-3)。其中，《美国精神障碍诊断和统计手册（第五版）》的前一版 DSM-IV 标准是应用范围最广的一个诊断标准。

专栏1-4

什么是 DSM-V？与 DSM-IV 比较有何变化（关于自闭谱系障碍）？

DSM 是 *The Diagnostic and Statistical Manual of Mental Disorders* 的简称，中文即《精神障碍诊断与统计手册》，该手册由美国精神医学学会出版，是一本在美国与其他国家中最常被用于诊断精神疾病的指导手册。自从出版以来，DSM 历经五次改版。DSM-V 已于 2013 年 5 月 18 日在美国出版。

DSM-V 关于自闭症最显著的一个改变在于尝试使用"光谱系统"(Spectrum)，并将不再使用"类别分类"，采用"自闭谱系障碍"这个概念，而原来的亚斯伯格症、童年瓦解性精神病，以及其他非典型广泛性发展障碍等以往的这些分类在日后的诊断中将不再出现。诊断标准从以往的三个领域（社交、语言和行为）调整为关注儿童在社交互动与沟通和重复行为两大领域的发展情况。同时，诊断标准推出了关于"自闭症程度"的准则(一级、二级、三级)。语言的发展情况不再作为单独一个标准,而是作为临床参照,来决定"程度"。

专栏1-5

DSM-V 关于自闭谱系障碍的具体诊断标准[①]

A. 现在或曾经在多种情境下存在社会沟通和社会互动方面持续性的缺陷,症状表现在以下方面(下面的例子仅用于解释说明,并未详尽列出所有情况):

(1) 缺乏社会性情感互动的能力,具体症状从轻到重包括:缺乏恰当的社交技能和轮流交谈的能力,无法运用对话交流来分享兴趣、情绪及情感,无法进行自发性的社会活动,以及对社会性互动缺乏回应。

(2) 缺乏运用非言语交流行为进行社会性交往的能力,具体症状表现从轻到重包括:无法融合使用语言交流与非语言交流技能,表现出异常的目光接触以及肢体语言,对非言语交流的理解与运用存在障碍,以及缺乏面部表情或非言语交流。

(3) 无法开始或维持、理解社会关系,具体症状从轻到重包

[①] American Psychiatric Association (APA). (2013). Diagnostic and Statistical Manual of Mental Disorders(5th ed.—Revised). Washington, DC:American Psychiatric Association.

括:无法根据社会性情景的需求来调节自己的行为,无法进行想象性游戏,无法发展同伴关系,以及对同龄人缺乏兴趣。

诊断时需确定当前的严重程度:

严重程度判断基于社会沟通障碍的程度和行为重复、局限的程度(见专栏1-6)。

B. 现在或曾经表现出局限的、重复性的行为、兴趣以及活动,症状至少包括以下2项内容(下面的例子仅用于解释说明,并未详尽列出所有情况):

(1)刻板及重复的动作或语言、重复使用某物体(例如,单一刻板的肢体行为、将玩具排成一排、翻转物体、模仿性语言、存在异常的语言)。

(2)无法接受改变、刻板地遵守某些习惯、或是仪式化的方式或是仪式化语言、非言语行为(例如,因为细微改变而引发强烈的负面情绪、不易改变、死板的思维方式、刻板的问候方式、每天的食物或者是路线必须保持一致)。

(3)明显狭隘及僵化的兴趣爱好,并表现出异乎寻常的专注强度及专注程度(例如,对特殊物体有强烈的依恋、过分局限或持续的兴趣爱好)。

(4)对感知觉刺激表现过于敏感或过于迟钝,或是对环境中的感知觉刺激存在异常的兴趣(例如,无法辨别冷热痛觉、对特别的声音或材质反应异常、过度嗅或触摸某些物体、沉迷于光线或是旋转的物体)。

诊断时需确定当前的严重程度:

严重程度判断基于社会沟通障碍的程度和行为重复、局限的程度(见专栏1-6)。

C. 症状必须出现于童年早期(但也可能由于个体能力限制无法展现社会性需求或被早期学习经验掩饰,而使症状无法全部表现)。

D. 症状导致个体社交、职业或其他重要情境下的日常功能显著受限或损伤。

E. 这些障碍不能由智力障碍(智力发育障碍)或是全面性发育迟缓解释。智力障碍和自闭谱系障碍通常是同时出现的;若要做出自闭谱系障碍和智力障碍的合并诊断,患者的社会沟通应低于一般发展水平。

注意:根据DSM-IV诊断为自闭谱系障碍、阿斯伯格综合征或广泛性发育障碍未注明类型的个体都应被诊断为自闭谱系障碍。在社会沟通方面有明显缺陷,但症状不满足自闭谱系障碍诊断标准的个体应评估是否患有社会(语用)沟通障碍。

另外,关注共病情况如果存在以下情况,需指明:

- 是否伴随智力障碍。

- 是否伴随语言障碍。
- 与已知医疗、遗传或环境因素有关。
- 与其他神经发育、心理或行为障碍有关。
- 伴有紧张症（紧张症相关的其他精神疾病）。

专栏1-6

DSM-V 关于自闭谱系障碍严重程度的分级标准[①]

自闭谱系障碍严重程度	社会/交往障碍	重复行为及狭隘兴趣
程度3：需要极大支持	极严重的社会性言语及非言语交往技能缺陷导致严重的功能障碍。非常缺乏社会性交往意图。无法对他人发起的社会性交往进行回应。例如，某个人只有极少的可理解的言语，很少发起社交行为，少量的社交行为一般只发生于用异常的方式满足自身需求或对十分直接的社交方式予以回应。	行为僵化、局限或重复，应对变化存在困难，导致在各方面出现极其明显的功能障碍。当仪式活动或习惯被中断即会引发强烈的痛苦情绪，几乎无法将注意力从固着兴趣上移开。

---

① American Psychiatric Association（APA）.（2013）. Diagnostic and Statistical Manual of Mental Disorders(5th ed.—Revised). Washington, DC: American Psychiatric Association.

续表

自闭谱系障碍严重程度	社会/交往障碍	重复行为及狭隘兴趣
程度2：需要较多支持	明显的社会性言语及非言语交往技能缺陷。在有帮助的情况下依旧表现出社会性功能缺陷；缺乏社会性交往意图，对他人发起的社会性交往回应较少或应答方式异常。例如，能说简单的句子，交往限于有限和特定的兴趣，有较为明显的异常的非言语交流方式。	经常表现出明显的重复行为和/或固着（或狭隘）兴趣，应对变化存在困难，因而导致众多方面出现功能障碍。当重复行为被中断时情绪痛苦，很难将注意力从固着兴趣上转移开。
程度1：需要支持	在缺乏支持的情况下会表现出一定的社会性功能缺陷。在发起社会性交往方面存在一定的困难；对他人所发起的社会性交往应答异常或是回应不恰当；对社会性交往缺乏兴趣。例如，个人可以说一些完整的句子并尝试交流，但与他人轮流交谈常常失败，尝试与他人交友的方式也是奇怪且不成功的。	由于重复行为导致一个或多个方面的功能障碍。活动转换存在困难。缺乏组织、计划能力导致无法独立。

目前，关于自闭谱系障碍的诊断工具基本都是根据《美国精神障碍诊断和统计手册（第四版）》的诊断标准编制的，包括一系列用于辅助诊断的工具。国外最常用的诊断工具为自闭症诊断访谈量表（ADI-R）和儿童自闭症评定量表（CARS）。美国芝加哥大学洛

德等人（Lord、Rutter、DiLavore 和 Risi）（1999）编制的自闭症诊断观察量表（ADOS），因其信度、效度高，实用性好而被奉为黄金标准。国内常用的诊断工具是儿童自闭症评定量表（CARS）和儿童自闭症行为量表（ABC）。而第五版诊断标准出版后，诊断工具应该也会很快做出相应的修正。

近年来，在发展生态学视野下，越来越多的人重视评估的生态效应，采用功能性评估和综合性评估。功能性评估是指将儿童放在现实的发展生态环境中了解其心理发展水平和行为特征。综合性评估则是指将问卷调查、游戏观察、作品及动态分析等多种方式结合起来，加以综合考量。这样的评估结果对于后续的干预方案和计划的制订都有更大的意义。

四 自闭谱系障碍儿童需要吃药吗?

对于自闭谱系障碍,研究者和医学专家一直试图寻找一种有效、安全且可接受的医学和生物医学治疗方法。自闭谱系障碍儿童的家长们也非常希望能研发出可以改善自闭谱系障碍症状的有效药物,但目前获得美国食品和药物管理局(FDA)核准的只有一种药物——利培酮。利培酮主要是用于改善自闭谱系障碍患者的攻击性、自伤、发脾气等问题的,对自闭谱系障碍的核心缺陷即社会交往、沟通、刻板行为等没有作用,也就是说并无法治疗自闭谱系障碍的核心缺陷。

还有些研究者基于神经递质的研究采用一些降低血液中5-羟色胺水平的药物(如芬氟苯拉明)来进行治疗。虽然此类药物能增加自闭谱系障碍患儿目光接触、社会知觉和对学习任务的注意维持,提高IQ测验分数,减少多动或重复行为,改善睡眠状态等,但是这类药物在患儿的交往行为方面没有明显的作用。[①] 同时,这类

[①] 陈顺森,白学军,张日昇.自闭谱系障碍的症状、诊断与干预.心理科学进展.2011,19(1),60—72.

药物还存在一些副作用，如易怒、嗜睡、不自主地挥手和食欲减退等①。并且，如果药物治疗使用不当（如长时间大剂量用药、中间没有间歇等），还可能会带来一些其他的副作用，如停药时出现反弹，使行为症状变得更加强烈。

由于自闭谱系障碍病因复杂，且个体差异较大，迄今为止还没有特效药物出现。国际研究普遍认为，治疗的关键在于通过特殊教育训练和行为干预，提高自闭谱系障碍患者在日常生活中自理、认知、社会交往及适应社会的能力。由于自闭谱系障碍的表现非常复杂，因此对自闭谱系障碍患者的教育、康复、干预方案，要建立在对自闭谱系障碍个体的心理发育水平和行为、需要、社会适应能力进行全面评估的基础上，采用适合于自闭谱系障碍个体的富有个性化的教育手段、康复计划或干预策略，进行长期的系统的教育、康复训练。目前的一些药物治疗也是用于教育康复的辅助手段。自闭谱系障碍患儿可能伴随出现感觉统合失调、睡眠障碍、异食癖、癫痫发作、肠胃功能障碍等并发症，为了减少这些并发症对儿童日常生活的影响，可以通过一些针对性的药物进行一些调整。除了改善自伤、易激惹和攻击行为的利培酮，还有用于改善注意缺陷与多动症状的中枢神经兴奋药物、用于癫痫发作者的抗癫痫药物等。

最近，中医疗法、饮食疗法等也逐渐受到家长的关注，在这里也进行较为简略的介绍。中医认为自闭谱系障碍病位在脑，同心、肝、

---

① 傅宏.孤独症病因模式与治疗选择.中国特殊教育，2001(2)，41—44.

肾三脏有密切联系①,认为先天不足、肾精亏虚、神失所养、心窍不通,肝失条达、升发不利是自闭谱系障碍的主要病机;在治疗方面,主要有中药治疗、针刺治疗等治疗手段。也有一些治疗报告在提高自闭谱系障儿童的认知及语言功能方面取得一定的疗效②,但需要配合科学的行为干预等,才可能从整体上改善儿童的临床效果。此外,也有学者认为由于中药相对于西药有较小的副作用,所以提出可以交替服用促进发育、调理睡眠的中药辅助康复治疗。但中医疗法对于自闭谱系障碍的核心缺陷的治疗作用还需要更进一步的检测和研究。

目前尚未有报告提出哪种食物对于自闭谱系障碍的康复有较为明显的效果,但值得家长注意的是,通常自闭谱系障碍儿童伴有挑食、偏食的情况,家长需要注重饮食的调整以便儿童能够有更为均衡、全面的营养摄入。

专栏1-7

自闭谱系障碍儿童可能需要的医学帮助

我们知道自闭谱系障碍不仅影响大脑和行为,还影响整个身体。因此,自闭谱系障碍儿童普遍可能会遇到的医疗问题主

---

① 李诺,刘振寰.中医对自闭症的认识及治疗现状.中国中西医结合儿科学.2009,1(2),150—152.
② 陈顺森,白学军,张日昇.自闭谱系障碍的症状、诊断与干预.心理科学进展.2011,19(1),60—72.

要包括睡眠障碍，比如入睡困难和频繁惊醒；饮食障碍，比如挑食和厌食；肠胃问题，比如便秘和腹泻；还有癫痫。不太常见的医疗问题包括极少的先天性的新陈代谢问题。医生应将检测新陈代谢条件作为病情检查的一部分。

睡眠障碍

睡眠问题在自闭谱系障碍儿童中非常普遍。事实上，据估计超过一半的儿童有至少一种频繁发生的睡眠问题。这意味着超过一半的自闭谱系障碍儿童父母有睡眠困扰。父母报告的睡眠问题主要有入睡推迟、梦游、早醒、阻塞性睡眠呼吸暂停（睡觉时呼吸沉重）和睡眠需要减少。

研究已显示儿童的睡眠困扰（包括自闭谱系障碍儿童）与注意不良、记忆困难以及行为问题（比如易怒和攻击行为）相关。自闭谱系障碍儿童父母报告的儿童睡眠问题中最普遍的是失眠。

如果儿童有睡眠问题，家长可以这样做：

（1）可以从温度、亮度、床垫、毯子的质地等方面为儿童提供舒适的睡觉环境。

（2）提供一个相对黑暗的睡觉环境，因为即使很弱的亮光也会影响N-乙酰-5-甲氧基色胺的分泌（如果需要的话一盏夜灯是可以的）。

（3）形成一个固定的睡觉时间表，包括定时打盹、睡觉和醒来。一般来说，在平时和周末就寝时间和睡醒时间也不应相差超过一小时。

（4）细心地计划就寝活动能帮助儿童在睡前冷静下来，因为自闭谱系障碍儿童容易过激。在睡觉前避免新的和意外的活动、过度的噪音、过度活跃的游戏和大量的食物。洗澡、唱首摇篮曲、拿出熟悉的玩具或毯子以及一起看书等，这些通常都能让儿童冷静下来。另外一些让其冷静的活动包括轻轻按摩、梳头和听轻音乐。

（5）儿童房里不要有电视，不要通过放电影、电视的方式来帮助儿童入睡。

（6）如果儿童有睡眠困难，家长还是需要带儿童去咨询专业医生，同时结合行为干预来帮助儿童。

肠胃问题和饮食问题

自闭谱系障碍儿童父母经常报告他们的儿童腹痛、腹泻、胀气和便秘。父母们报告得最普遍的是腹泻和便秘，这两种症状在儿童身上轮流出现。尽管这些问题在所有儿童中都非常普遍，也有证据表明它们在自闭谱系障碍儿童身上出现得更频繁。这些肠胃问题引起疼痛和不舒服，比如睡眠问题，会导致儿童的问题行为和注意困难，这些问题行为和注意困难又会导致儿童难以在干预项目中完全获益。

由于自闭谱系障碍儿童有沟通障碍,因此很难知道儿童是否正在经历腹痛或其他疼痛。要留意儿童的突发改变的行为,大哭或悲鸣、自伤行为、捂住胃,以及其他非言语的疼痛指示。如果家长对此怀疑,应将其带到医院就诊。肠胃问题是可治疗的。依据肠胃问题的种类和严重程度,治疗主要包括干预饮食、补充营养和药物治疗。尽管目前没有科学研究证明特殊饮食(包括消除酪蛋白和谷蛋白)能改善自闭谱系障碍儿童的行为,但有些家长已经报道这些饮食对他们有非常大的帮助,包括提高注意力,减少问题行为。

饮食问题在自闭谱系障碍儿童中也很普遍。最近一篇发表在美国儿科协会杂志上的研究发现自闭谱系障碍儿童通常在婴儿期就开始有饮食障碍。举例来说,他们在日后比典型发展儿童更早开始吃固体食物。1岁的时候,自闭谱系障碍儿童更可能被描述为"难喂养"和"很挑剔"。幼儿期,自闭谱系障碍儿童吃的食物种类很少。尽管就营养而言,这篇文章没有发现自闭谱系障碍儿童和典型发展儿童间的差异,但其他研究已经发现自闭谱系障碍儿童有时会营养不良,这也许是因为他们挑食或有特殊的饮食习惯。

如果儿童有肠胃和饮食问题,家长可以这样做:

(1)观察儿童的行为和饮食习惯;

（2）咨询营养师，帮助儿童吃得更好或者确保儿童获得必需的营养；

（3）结合行为干预帮助儿童形成科学规律的饮食习惯，包括定时吃饭、饮食的一些规范等。

癫痫

尽管癫痫在儿童生命的早期也会间或发生，但第一次发作通常是在自闭谱系障碍儿童青少年时期甚至是成年时期。几乎每四个自闭谱系障碍儿童中就有一个会在人生的某些时候遭遇癫痫。进行癫痫治疗非常重要，因为癫痫活动会影响大脑的功能和发展。因此，如果儿童有癫痫或癫痫活动的某些症状（频率很低），应尽快寻求医生的帮助。

癫痫的种类很多：有的癫痫发作时两眼发直且嘴中念念有词（称为失神性癫痫）；有的癫痫发作时身体做重复运动（称为复杂性部分发作癫痫）；还有的癫痫发作时身体抽搐（称为大发作癫痫）。轻微的癫痫症状很难被发现，因为有些症状比如双眼盯着某处，叫他没有反应等也是自闭谱系障碍的典型症状。失神性癫痫的症状可能包括"走神"或有10～20秒的时间对听觉视觉刺激没有反应、重复性地眨眼、眼睛上翻、嘴巴乱动、肌肉僵硬、身体剧烈运动、使劲搓手、两眼发直且嘴中念念有词。如果家长关注到这些可能发生的癫痫活动，请带儿童咨询儿科神经专家，对其进行检查评估。

五 发现儿童异常，我们可以做什么？

当发现儿童存在前面提及的一些需要关注的异常行为表现时，首先，家长要调整心态（本册书的第三部分会详细来谈家长如何进行自我调整），然后努力与家人一起做下面的一些事情。

1. 仔细观察儿童的行为表现并记录儿童的行为

可以通过录像的方式（参考专栏1-8）来记录，可以选取儿童日常生活中的一些典型的片段，比如儿童单独玩玩具、饮食、与人互动等时间段的录像，如果儿童已经就读幼儿园，幼儿园的老师也反映了相同的担忧的时候，也可以请老师帮忙进行一些记录。目前的诊断还主要是基于行为观察，这些录像对于后续的评估会有参考价值。

2. 寻找专业权威的医院进行专业的评估

对自闭谱系障碍的诊断并非随意进行，通常需要专业人员（如医生、心理学家、特殊教育专家等）通过观察、问卷、访谈等方法综合全面地搜集儿童发展情况的基础上，依据专业的诊断标准和诊断工具才能下结论。因此，如果发现儿童有异常行为表现后家长应寻找专业的医院前往筛查和评估、诊断。

我们也要意识到,诊断结果对于我们去解释儿童的行为可能有一定的帮助,但诊断本身并不会直接影响和促进儿童的发展。我们要尽可能理性地对待诊断,避免将时间过多地放在"确诊"上,带儿童到处求医寻求一个结论,而不及早进行干预很可能会错过最佳的干预时间。

3. 及早开展干预

发现异常后家长应遵循"一发现立即干预"的原则,不要一味等待确诊后再开始干预。开展干预的方式有很多,如寻找专业的教育机构、聘请专业的干预老师或者是家长自学一些目前较为有效的干预方法。这里尤其要提到家长干预的重要性。由于家长是最了解也是接触自己儿童最多的人,而且科学、密集的干预被认为是更为有效的,因此家长是最合适、最重要的干预者。

国外的自闭谱系障碍的干预和专业服务体系相对比较完善,但目前一个重要趋势依旧是家庭的参与,我国目前绝大部分的干预的主要实施者是家长。我们将在本册书的第四部分和第五部分详细讨论如何开展有效的早期干预。

4. 寻求资源和支持,让自己成为一个学习者,和儿童一起成长

当儿童被确诊为自闭谱系障碍儿童时,家长必须做好心理准备,因为这将是一场持久且艰难的战斗。家长需要对自闭谱系障碍的相关知识,特别是自闭谱系障碍的特征表现有一个深入和全面的认识，并最好能了解一些干预的原则和方法。此外，家长可以和残联康复中心或者区特殊教育指导中心联系，向他们咨询相关的支持和服务。同时，家长可以通过一些相关论坛或微博等渠道与有经验的自闭谱系障碍儿童家长或者专业人员交流活动，从而获取更多自闭谱系障碍的信息、经验与资源（参考第六部分 资源推荐）。

专栏1-8

早期干预中的录像记录

- **录像记录可以有什么用？**
  - √ 家庭/儿童成长记录
  - √ 观察或记录儿童特定的行为
  - √ 评估（特别是给其他专业人员参考）
  - √ 对特定的干预策略是否有效进行评估
  - √ 对干预者自己进行反思和评估
  - √ 有效的亲子互动或者干预，可以作为示范
  - √ 监督作用

- **使用时的注意事项：**
  - √ 家长知情并同意录像
  - √ 在不同情境、不同时间点、与不同人互动时对儿童进行录像
  - √ 保管好录像（用时间、地点和活动来命名存档）

✓ 录像者尽量不要干扰儿童的正常活动

家长还有个很重要的任务,就是调整好自己的心态。不管诊断结果如何,虽然很难,但是家长要尽量做到对儿童保持一颗平常心。是否有自闭谱系障碍并不是儿童能够选择的,儿童对于父母来说都应该是独特的、可爱的和奇妙的存在,自闭谱系障碍只是儿童伴随的特征,父母对儿童的爱、关心和支持应该是一样的。不论儿童诊断结果为何,多关注生活中的积极面。与配偶、家人、朋友保持良好交流,看一些情绪调节方面的心理书籍或是寻求专业心理咨询师的帮助,都有助于家长以更加积极的心态面对儿童和儿童的发展,与儿童一起进步!

理解自闭谱系障碍和早期干预

六 应该如何平稳度过青春期?

当自闭谱系障碍儿童逐渐成长到十多岁的时候,家长们会迎来第二次较大的挑战,即如何帮助儿童安然度过青春期。在青春期,儿童的生理和心理都会急剧发展。对于自闭谱系障碍儿童,一般情况下,青春期的生理变化会比较顺利、自然地进行,主要在心理发展上会因为自闭谱系障碍而表现出青春期问题:男生主要表现为性兴奋增高,自控能力差,容易发生手淫和暴露生殖器等;女生主要表现为不能处理月经期问题等。而自闭谱系障碍儿童本身的沟通障碍、刻板行为和兴趣使得对其青春期教育难度大增。目前对于自闭谱系障碍儿童的青春期问题,运用较多的是行为矫正方法,即在对儿童的问题行为进行观察分析后,找出行为发生的原因和持续的条件,相应地对之进行奖励、忽略或惩罚(具体可搜索行为矫正的相关资料)。另外,可通过增强儿童的自我管理能力进而增强其对自身不良行为的自制力。

需要注意的是,我们不能一味地阻止儿童的某些行为,而是要教给儿童怎么做是更合适的。举例来说,男生常出现的手淫,是他们正常生理需求的表现,家长和教师可以在发现儿童有手淫行为时引导他去卫生间,而如果在不合适的地点有该行为时就让其去操场跑步或是做其他事,一方面是对不合适行为的惩罚,另一方面也是帮助他转移注意力。而对于女生,主要是训练其使用女性护理用品的意识和行为。

对于青春期的挑战,家长们应该事先做好准备,平时留意儿童的变化,并与学校保持良好的沟通和合作。

除了在青春期到来时开展相关的行为指导外,更重要的是早期的引导和性别意识的强化。在儿童幼年时期,成人即可通过一些社会故事等帮助自闭谱系障碍儿童意识到男女的不同,以及如何与异性小朋友相处,等等。在即将进入青春期时,也可通过一些社会故事帮助儿童了解自己身心可能发生的一些变化、学习如何调节和合理释放自己的情绪等。人们常说无知会带来恐惧,而家长和教师如果能提早让儿童了解到青春期的一些知识,也有助于我们陪伴儿童一起更加平稳地度过这个阶段。

同样,对于一个处于青春期的自闭谱系障碍儿童而言,同伴交往和有意义的社会生活都很重要,因此在儿童早期,能教会他们一定的社会交往技能,学会自我照料,学会一定的娱乐和休闲的技能,对于他们度过一个有意义的青春期都有着很重要的作用。

儿童会不断长大,我们在最初的时候需要考虑得远一些,考虑到他们青春期,甚至成年期后的生活状态,而在生命的早期,和自闭谱系障碍儿童一起努力,为未来做好准备!

七 自闭谱系障碍可以被治愈吗？

对于得知自己的孩子被诊断为自闭谱系障碍的家长来说，最关心的一个问题就是自己的孩子是否能被治愈。但由于自闭谱系障碍起病年龄早、症状特殊、尚无有效的治疗方法，至今也没有完全得到治愈的病例。

也许您曾经听说过有些自闭谱系障碍儿童成功康复，虽然相对来说比较少，但据估计大约10％的自闭谱系障碍儿童可以通过康复和干预去掉自闭谱系障碍的诊断。他们可以进入普通学校普通班级就读，能适应学习和生活，在功能上可以去除掉原来的"自闭谱系障碍"的"标签"。但是我们无法去预测什么样的儿童能成功去掉诊断，相应的影响因素目前还没有准确的定论，而且通常去掉诊断的儿童在多动、焦虑、抑郁方面还会存留一些症状。通常达到较好的效果的康复通常是和密集的早期干预相关联，不过什么样的干预方式最有效，或者说康复能否完全归因于干预还没有权威的结论。

或者也许您也听说过有些自闭谱系障碍儿童达到了"最佳结果"状态，但这也仅是意味着他们在智力、语言、适应功能、学校安置和个性等方面的测试中获得了正常范围内的分数,但在一些诊断测试或者部分个性测试中还是会有轻微的症状。最近的一些流行病学研究显示大约60%的自闭谱系障碍儿童到8岁时智商可以达到70或以上(注:在韦氏智力测验中70是判定发展迟滞与否的临界点)。目前还没有十分可信的方式预测什么样的儿童能够获得"最佳结果"。

专栏1-9

天宝·葛兰汀

天宝·葛兰汀(Temple Grandin,1947年8月29日—),是畜产学学者、畅销作家和禽畜动物行为顾问,目前任教于科罗拉多州立大学。《时代周刊》2010年进行了100位"全球最具影响力人物"评选,他位列英雄榜第5位。

天宝·葛兰汀虽然自幼患有自闭症,但却拥有亚利桑那州立大学畜牧科学硕士学位,并于1988年获得伊利诺大学的畜牧科学博士学位。她是当今少数的牲畜处理设备设计、建造专家之一。她在此专业领域中,发表过上百篇学术论文,并经常在各地发表演说。

关于更多天宝·葛兰汀的故事可以观看由其自传改编的电影《自闭历程》。

目前还没有治愈案例和对儿童未来准确预后的情况下,家长和教师都要相信儿童的发展潜力,所有的自闭谱系障碍儿童通过干预都是可以有所发展的,可以为儿童带来重要的、十分有意义的进步。目前研究者比较统一的观点也认为自闭谱系障碍儿童的康复治疗关键在于早期发现、早期干预,通过行为干预和特殊教育训练等方法,来提高他们在日常生活中自理、认知、社会交往及适应社会的能力。也就是说,通过科学的干预和训练,帮助自闭谱系障碍儿童学会如何带着一些自闭谱系障碍特有的症状更好地适应社会生活。

第二部分

理解儿童和他们的世界

一 自闭谱系障碍儿童特点

从生物学角度来看，儿童（child）是指在发展阶段上从出生到青春期之间的人，而法律的界定一般是把儿童作为比占社会大多数的"成年人"年幼的"少数"群体，权利和义务都相对较小，一般由成人来监护。《联合国儿童权利公约》中将儿童定义为"一般情况下指的是18岁以下的人，除非法律规定'儿童'适用年龄更小的人"。

中国文化时常把儿童比喻成"祖国的花朵"或者"小太阳"。当然也有"阿猫阿狗论"，把儿童当做"宠物"，只是去照顾儿童的"生理需要"，而忽视儿童的"心理需求"和精神的健康。"儿童"这个概念很多时候并没有被赋予独立的意义。有时候我们称儿童为"未成年人"，儿童和儿童期的独特意义时常被我们这些"成年人"忽略或者忘记。

随着社会的进步，儿童和儿童期（childhood）的独特性越来越被大家意识到，人们发现儿童有着独特的思维方式和成长的轨迹，他们有自己去学习、探索的能力和方式，也有自己独一无二的理解周围的世界和表达自我的方式。

蒙台梭利（Maria Montessori）认为"儿童，尤其是六岁以下的儿童，拥有天生的心理发展之路"，但儿童内心的世界究竟是什么样子，童年究竟有什么样的秘密呢？如果我们以一个成年人的视角去看，会无法理解一个儿童为什么不停地重复一些简单甚至看起来没有意义的小事，并获得极大的快乐。很多时候，儿童的"精神世界"被忽略，并在与成人的冲突中导致儿童出现压抑和心理偏差等。

儿童的语言"发生发展"或者某种意义上可以说是"获得"语言，是一个很神奇的过程，儿童还以自己独特的视角学习与人、与物的关系，学习"自我"与"他人"的区别，让·皮亚杰（Jean Piaget）就把儿童当做是"小哲学家和科学家"。

患有自闭谱系障碍的儿童，一旦被诊断，被贴上了标签，很多时候，成人就只看到"自闭症"、只看到"问题"，而"儿童"被消解了。自闭谱系障碍的儿童首先是儿童，他会与其他的儿童一样拥有儿童应该具有的其他的个性和特质，他可能会很调皮，会有自己的偏爱，有时候也会撒娇，也会喜欢被鼓励和表扬，他也分辨得出谁是真的"无条件"地爱自己……在长期焦灼的求医和干预训练的过程中，我们时常会更关注儿童们由于障碍导致的"问题"和"缺陷"，关注儿童"不会的"内容，而忽略每一个儿童都会有的最基本的需要，自闭谱系障碍儿童也需要安全感，也需要"玩"得开心，也需要被理解……也需要爸爸妈妈愿意跟自己一起成长。

自闭谱系障碍的儿童可能在沟通、社会性的发展上有自己的速率和发展轨迹,但在总体上可能还是会有一定的规律,比如也遵照先"理解——听得懂"到"表达——会说"的一般发展规律。社会交往上也会受到与成人和环境的互动的影响。如果家长在知道儿童是自闭症或者被诊断为自闭症倾向后,就认为儿童的所有的表现都是问题,都是自闭症造成的,然后家长在承受巨大的压力的同时,便可能会减少了带儿童接触周围世界的机会,亲子互动的方式也发生了改变。

正如维果斯基(Lev Vygotsky)对儿童的理解那样,儿童是在与社会和文化互动的过程中慢慢成为自己的,但这种互动必须基于儿童自身的发展水平(最近发展区)。而对于每一个自闭谱系障碍的儿童而言,最重要的"社会"和"文化"背景就是他的家庭。家长作为儿童最重要的"环境"因素,首先要把自闭谱系障碍儿童当做儿童,让儿童也可以有机会和你一起分享童年的喜怒哀乐。

爸爸妈妈请您:

- 相信我,相信我可以成长和学习!
- 试着理解我,即便我无法言语,请试着理解我的言行和情感代表什么。
- 陪伴我,我其实也需要被爱和呵护,也会需要跟一个人做最亲密的朋友。
- 带我出去看世界,我需要你保护,但也让我尝试和探索。
- 让我学会自我照料,给我机会让我学习和练习。

......

作为教师,同样也需要理解患有自闭谱系障碍的儿童,接纳他们的差异性,采用个别化的教学方法和适当的内容,相信儿童可以学习和发展,并与家长一起努力来改善儿童的功能,促进他们的发展。

二 了解典型发展儿童的发展

生命是神奇的,而儿童的发展和成长又充满了"秘密",一直有很多的儿童发展心理学家和教育学家对人类生命早期的发育发展进行研究和探索,但从来没有任何一种理论可以穷尽儿童发展和童年的全貌。

我们目前所知道的是:

第一,儿童发展有自己的"步调"和规律。每一个儿童在整体上会遵照一定的发展规则来展开,比如"七坐八爬",可能会快点或者慢点,但基本上会遵循一定的发展规则(详见专栏2-1中关于发展里程碑的内容)。

第二,儿童的生理和心理发展有一定的敏感期,或者称为关键期,比如一般认为语言发展的关键期是从出生到五岁左右,在关键期内为儿童提供相应的经验和机会可以更好地促进儿童的发展,错过关键期,并不意味着儿童无法发展,但很可能需要付出很多努力。

第三,儿童的发展是受到诸多因素的相互影响的,特别是儿童的营养、亲子互动程度、母亲的受教育程度、家庭的资源和支持等因素。如果一个儿童的成长过程中有利因素越多,儿童的发展就会越好。

第四,儿童并不是被动地"发展"的,周围的成人和环境对于儿童会产生影响,但儿童自身的气质类型、兴趣、动机等也会影响到成人与儿童的互动方式等,进而会对儿童的发展产生作用。

因此,在儿童发展的不同阶段,针对每个儿童不同的特点和兴趣,我们需要创设一个丰富的健康的环境,让儿童能有机会和经验去成长,获得各种在日后的成人生活中必需的知识、技能和能力。

自闭谱系障碍儿童的个体差异很大,可能有的孩子在两岁前的运动和语言的发展似乎与典型发展儿童一致,也会开口叫爸爸妈妈,也在1岁左右开始走路,但突然不再开口,可能之前也会存在一些社会交往方面的"特殊发展",另外他们有的时候发展的顺序和时间点也会有所不同。表2-1的0~6岁儿童的发展里程碑可以作为一个参考,来观察儿童的发展,特别关注是否在相应的年龄出现"发展警示"中的表现,以便及早采取行动。

专栏2-1

如何解读发展里程碑(developmental milestone)的意义

儿童发展遵循一定规律,既有连续性,又有阶段性。在不同年龄阶段,有明显不同的发展标志。我们可以通过观察、分析

理解自闭谱系障碍和早期干预

这些标志,了解儿童身心发展的状况是否在正常范围内。而这些标志又可以被称为"发展里程碑",也就是儿童发展到一个阶段的一个显著的标志。

由于儿童的发展同时受多种因素(遗传、教育等)的影响,儿童的发展又有明显的个体差异,比如有的儿童说话早,但走路晚,这都是正常的情况。各年龄阶段的"发展里程碑"不是绝对的,但如果儿童某些领域一直没有达到"里程碑",在某些方面的发展明显落后,出现"发展警示"中的情况,就需要注意观察,并在必要时咨询医生或者幼儿教育工作者,必须及时查明原因,采取措施。更多的时候,发现儿童发展迟缓,应及早干预,诊断不是关键,但需要尽早开始教育干预和康复,这对儿童的发展会有极大的意义。

本套丛书的其他书中都就不同领域的发展里程碑在第二部分中进行了描述,给予照料者参考。表2-1 0～6岁儿童发展里程碑给出了儿童整体发展的里程碑和发展警示[1],并特别标注了自闭谱系障碍儿童在某个发展阶段可能出现的"发展警示"。

---

[1] 中华人民共和国教育部.联合国儿童基金会。0～6岁儿童发展里程碑.2012,5.

表2-1　0～6岁儿童发展里程碑

儿童年龄	发展里程碑	要注意咯！（发展警示！）
0～1个月	○ 头可以从一边转向另一边 ○ 醒着时，目光能追随距眼睛20厘米左右的物体 ○ 在儿童身边摇响铃，儿童的手脚会向中间抱紧 ○ 与陌生人的声音相比，儿童更喜欢听母亲的声音 ○ 能分辨味道，喜欢甜味 ○ 对气味有感觉，当闻到难闻的气味时会转开头 ○ 当听到轻音乐、说话声时会安静下来 ○ 会微笑，会模仿人的表情	◎ 对大的声音没有反应 ◎ 对强烈的光线没有反应 ◎ 不能轻松地吸吮或吞咽 ◎ 身高、体重不增加
1～3个月	○ 俯卧时能抬头，逐渐能撑起前臂 ○ 能把小手放进嘴里，能握着玩具 ○ 能配合成人翻身，由仰卧转为侧卧 ○ 喜欢看妈妈的脸，看到妈妈就高兴 ○ 听到悦耳的声音会停止哭泣 ○ 开始认识物体，眼睛盯着喜欢的东西看 ○ 会笑出声，会叫，喜欢与人"交流"，见人会笑 ○ 能以不同的哭声表达不同的需要 ○ 喜欢让熟悉的人抱，吃奶时发出高兴的声音	◎ 儿童的身高、体重和头围指标没有增加 ◎ 不能对别人微笑 ◎ 两只眼睛不能同时跟随移动的物体 ◎ 听到声音时，不能转头寻找 ◎ 俯卧时，不能撑起头和上半身
4～6个月	○ 乳牙萌出 ○ 能翻身，靠着东西能坐或能独坐 ○ 会紧握铃铛，主动拿玩具，拿着东西就放嘴里咬 ○ 玩具能在两只手间交换 ○ 喜欢玩脚和脚指头 ○ 喜欢看颜色鲜艳的东西，会盯着移动的物体看 ○ 会大声笑，会自己发出"o""a"等声音，喜欢别人跟他说话，并且发出应答的声音	◎ 不会用手抓东西 ◎ 体重、身高不能逐渐增长（太慢或者太快都要注意） ◎ 不会翻身

续表

儿童年龄	发展里程碑	要注意咯！（发展警示！）
	○ 开始认生，认识亲近的人，见生人就哭 ○ 会故意扔、摔东西 ○ 喜欢与成人玩"藏猫猫"游戏 ○ 对周围事物都感兴趣 ○ 能区分成人说话的口气，受到批评会哭 ○ 有明显的害怕、焦虑、哭闹等反应	
7～9个月	能自己坐，扶着成人或床沿能站立，扶着成人的手能走几步 ○ 会爬 ○ 能用一个玩具敲打另一个玩具 ○ 能用手抓东西吃，会自己抱奶瓶喝奶，能用拇指、食指捏起细小物品 ○ 能发出"ba ba"等音 ○ 能听懂成人的一些话，如听到"爸爸"这个词时能把头转向爸爸 ○ 喜欢要人抱，会对着镜子中的自己笑 ○ 学拍手，能按成人的指令用手指出灯、门等常见物品和五官等 ○ 喜欢成人表扬自己	◎ 不能用拇指和食指捏取东西 ◎ 对新奇的声音或不寻常的声音不感兴趣 ◎ 不能独坐 ◎ 不能吞咽菜泥、饼干等固体食物
10～12个月	○ 长出6～8颗乳牙 ○ 能熟练地爬 ○ 扶着家具或者别的东西能走，有的儿童能自己走 ○ 能滚皮球 ○ 能反复拾起东西再扔掉 ○ 不像以前那样经常把玩具放进嘴里 ○ 会找到藏起来的东西，喜欢玩藏东西的游戏 ○ 用面部表情、手势、简单的词语与成人交流，如，微笑、拍手欢迎、伸出一个手指表示1岁等，会随着音乐做动作 ○ 能配合成人穿脱衣服 ○ 会搭1～2块积木 ○ 喜欢听儿歌、讲故事，听成人的指令能指出书上相应的东西 ○ 能模仿叫"爸爸""妈妈" ○ 喜欢跟小朋友一起玩	◎ 当快速移动的物体靠近眼睛时，不会眨眼 ◎ 不会模仿简单的声音 ◎ 不能根据简单的口令做动作，如"再见"等 ◎ 不能自己拿奶瓶喝水或奶

续表

儿童年龄	发展里程碑	要注意咯！（发展警示！）
1岁到1岁半	○ 有8~14颗乳牙 ○ 能单独站立、行走、蹲下再起来，会抬一只脚做踢的动作 ○ 走路时能推、拉或者搬运玩具 ○ 能敲打瓶子、鼓等发声的玩具 ○ 重复一些简单的声音或动作 ○ 听懂和理解一些话，能说出自己的名字 ○ 能用一两个字表达自己的意愿 ○ 喜欢看书，学着翻书，但不能一页一页地翻 ○ 能从杯子中取出或放进小玩具 ○ 喜欢玩"捉迷藏"的游戏 ○ 能有意识地叫"爸爸""妈妈" ○ 能指出或命名熟悉的东西 ○ 能认出镜子中的自己 ○ 能堆起3~5块积木 ○ 能自己用杯子喝水，用勺吃饭 ○ 能指出身体的各个部位 ○ 能和小朋友一起玩一小会儿	◎ 还没有长牙 ◎ 不能表现出愤怒、高兴、恐惧等情绪 ◎ 不会爬 ◎ 不会独站
1岁半到2岁	○ 能向后退着走，能扶栏杆上下楼梯 ○ 在成人照顾下，能在宽的平衡木上走 ○ 能快跑 ○ 能扔球 ○ 喜爱童谣、歌曲、短小故事和手指游戏 ○ 能拉开和闭合普通的拉链 ○ 模仿做家务（如，给成人搬个小凳子，学着捏面食） ○ 能手口一致说出身体各部位的名称 ○ 能主动表示大小便的意愿 ○ 知道并运用自己的名字，如，"宝宝要" ○ 能自己洗手、擦手 ○ 会说3~4个字的短句 ○ 能一页一页地翻书 ○ 模仿折纸，能堆6~10块积木，拼1~3块拼图 ○ 喜欢玩沙、玩水 ○ 能认出照片上的自己	◎ 不会独立走路 ◎ 不试着讲话或者重复词语 ◎ 对一些常用词不理解 ◎ 对简单的问题，不能用"是"或"不是"回答 ◎ 认不出镜子中的自己 ◎ 囟门没有闭合

续表

儿童年龄	发展里程碑	要注意咯！（发展警示！）
2～3岁	○ 乳牙出齐20颗 ○ 会骑三轮车；能跳远；能爬攀登架；能双脚向前跳；能独自绕过障碍物（如，门槛） ○ 能用手指捏细小的物体，能解开或扣上衣服上的大纽扣 ○ 能走较宽的平衡木 ○ 能自己上下楼梯 ○ 会拧开或拧紧盖子 ○ 能握住大的蜡笔在纸上涂鸦 ○ 喜欢倒东西和装东西的活动，如玩沙、玩水 ○ 开始有目的地使用东西，如，把一块积木当做一艘船到处推 ○ 能把物体进行简单的分类，如，把衣服和鞋子分开 ○ 熟悉主要交通工具及常见动物 ○ 说出图画书中物品的名称 ○ 喜欢听成人念书 ○ 能听懂较多话，但不能说出来 ○ 能说出6～10个词的句子，能比较准确地使用"你""我""他" ○ 情绪不稳定，没有耐心，很难等待或者轮流做事 ○ 喜欢"帮忙"做家务；爱模仿生活中的活动，如，喂玩具娃娃吃饭 ○ 喜欢和别的儿童一起玩	◎ 不能自如地走，经常会摔倒；不能在成人帮助下爬台阶 ◎ 不能指着熟悉的物品说出它的名称；不能说2～3个字的句子 ◎ 不能根据一个特征把熟悉的物品分类，如，把吃的东西和玩具分开 ◎ 不喜欢和小朋友玩
3～4岁	○ 能交替迈步上下楼梯 ○ 能倒着走，能原地蹦跳 ○ 能短时间单脚站立 ○ 能画横线、竖线、圆圈 ○ 能一页一页地翻书 ○ 喜欢堆积木 ○ 能认真听适合其年龄段的故事，喜欢看书，并假装"读书" ○ 认识三角形、圆形、正方形 ○ 能说出红、黄、蓝三种颜色的名称 ○ 能用简短的话表达自己的愿望和要求	◎ 听不懂别人说的话 ◎ 不能报出自己的名字和年龄，不能说3～4个字的句子 ◎ 不能自己一个人玩三四分钟 ◎ 不会原地跳

续表

儿童年龄	发展里程碑	要注意咯！（发展警示！）
	○ 问越来越多的问题，如"是什么""为什么"等 ○ 能简单讲述看到和发生的事情 ○ 能记住家人的姓名、单位、电话和家庭住址等 ○ 能熟练使用筷子、勺等餐具 ○ 知道家里东西的位置 ○ 能按"吃的""穿的""用的"将物品分类 ○ 能用手指着东西数数 ○ 能与他人友好相处，懂得一些简单的规则，但常常不能坚持做 ○ 能参加一些简单的游戏和小组活动 ○ 非常重视看护自己的玩具；有时会变得有侵略性，如，抢玩具，把玩具藏起来	
4～5岁	○ 能熟练地单脚跳 ○ 能沿着一条直线行走 ○ 轻松地起跑、停下、绕过障碍物 ○ 能正确地握笔，能画出简单的图形和人物 ○ 能串较小的珠子 ○ 理解10以内数的意义 ○ 能按照物体的颜色、形状等特征分类并进行有规律的排列 ○ 能独自看懂并说出简单图画的意思 ○ 喜欢听有情节的故事、猜谜语 ○ 理解日常生活的顺序："我早上起床，穿衣服，刷牙，然后上幼儿园" ○ 能回答"谁""为什么""多少个"等问题 ○ 能说比较复杂的话，如，"我还没看清楚猫的颜色，它就跑过去了" ○ 能比较清楚地表达自己的意愿 ○ 能努力控制自己的情绪，不乱发脾气，但有时会因为小挫折（如，搭积木无法搭成自己想要的形状）而发脾气 ○ 喜欢与小伙伴玩；开始有"最好"的朋友，乐于参加集体活动 ○ 喜欢成人的表扬，对取得的成绩很自豪	◎ 无法说出自己的全名 ◎ 无法辨认简单的形状：圆形、正方形、三角形 ◎ 不能单脚跳跃 ◎ 不能独立上厕所，不能控制大小便，经常尿裤子

续表

儿童年龄	发展里程碑	要注意咯!(发展警示!)
5~6岁	○ 学习交替单脚跳 ○ 能连续跳绳 ○ 能快速、熟练地骑三轮车或有轮子的玩具 ○ 能自己穿衣服、进餐 ○ 能比较熟练地使用笔,能画出许多形状 ○ 能用各种形状的材料拼图 ○ 能把各种各样的物体分类,按从短到长、从小到大的顺序为物体排序 ○ 能把时间和日常生活联系起来:"5点钟了,该看电视了" ○ 能辨认一元、五元等钱币 ○ 能边看图画,边讲故事 ○ 能接电话,并能正确地转告简短的口信 ○ 喜欢伙伴,有一两个要好的伙伴 ○ 能与小朋友分享玩具、轮流玩、一起玩 ○ 喜欢参加集体游戏和活动 ○ 能关心别人,尤其是对比自己年龄小的儿童、受伤的儿童和动物特别体贴 ○ 有更强的自我约束能力;情绪大起大落的情况减少	◎ 不能交替迈步上下楼梯 ◎ 不能安静地听完一个5到7分钟的小故事 ◎ 不能独立地完成一些自理技能,如刷牙、洗手等

如何理解自闭谱系障碍儿童？

一位老师曾经说："如果你教过一位自闭症的儿童,你其实只能说你教过一位自闭症的儿童,因为下次遇到另外一位自闭症的儿童,可能会发现他的情况是完全不同的。"自闭谱系障碍儿童之所以被称为"谱系",是因为即便不同的儿童都被诊断为"自闭症"或者"孤独症",这一诊断也许可以反映出这些儿童共同的一些行为特质,但却无法让我们了解到这个儿童的全貌。一个四岁的男孩。他喜欢把所有的玩具都排成行,当你以为这只不过是典型的自闭症儿童的行为的时候,如果你耐心地陪在他身边,你会听到他在自言自语着:"这是一次动物大迁徙",然后他可以说出每一只恐龙的"学名",然后说"小恐龙宝贝们需要紧紧跟着妈妈,因为地震马上要来了"……你会惊讶于他的想象力和他的记忆力。

我们现有的对于"自闭谱系障碍儿童"的理解都基于儿童的行为表现,无论是之前一直作为诊断标准的"DSM-IV"(美国《精神障碍诊断和统计手册(第四版)》),还是2013年的新的第五版的标准,都是基于对于儿童的行为的观察,从原先第四版中沿用1987年第三版修订版的"社会-沟通-行为"三元体系的诊断标准,到被"二分体系"替代,即一是"在社会沟通和互动上的缺陷",二是行为、兴趣和活动上的重复类型。新标准也同时会根据个体的临床表现进行临床分类,包括严重程度、口语能力以及相关的特征,比如已知的基因障碍或者智力障碍(可以参照第一部分专栏1-4、1-5、1-6)。这样的变化,将沟通与社会行为联系在一起作为一组诊断的标准,同时考虑到不同的环境影响的临床分类,即原来的语言迟缓的标准不再单独作为诊断标准,而是作为临床的分类参照。这样的概念和诊断标准的变化,是否有依据呢?一些研究者提出对于自闭谱系障碍的神经成像研究的结果是部分支持这一变化的。

从2003年起,陆续有一些关于自闭谱系障碍的结构化核磁共振成像(structural magnetic resonance imaging,sMRI)显示自闭谱系障碍者的特定脑区受损,研究者对特定的脑部异常与障碍的症状之间的关系进行了研究,但这些研究在方法和研究设计上可能存在一些局限性,结果很难推广。后续的研究又从脑部的功能网络的连接角度进行了讨论。随着脑科学研究技术的完善,功能性核磁共振成像(functional magnetic resonance imaging,FMRI)研究发现自闭谱系障碍个体在特定的区域以及功能连接上存在异常,而MR扩散张量成像(diffusion tensor imaging,DTI)研究发现一些脑部受损的网络连接结构,并在某些情况下可以发现其与自闭谱系障碍个体的社会缺陷、沟通缺陷或行为缺陷之间存在联系。

在对自闭谱系障碍开展各种脑科学研究来定位"自闭谱系障碍"的"病因"以寻求治疗的医学路径的同时,另外一种基于神经多元的观念的运动也在发生并发展着,后者质疑并挑战医学模式,重新思考"自闭症"或者自闭谱系障碍的概念。① 医学模式追求的是"正常化"、减轻症状和消除会影响主要生活功能的缺陷。② 但是即便脑科学研究不断深入,目前自闭谱系障碍的生物学"病因"仍然没有被确定,这一障碍的诊断主要还是基于与典型人群的行为差异上的缺陷。《美国精神障碍诊断和统计手册》的诊断标准系统一直忽略了这一群体的优势行为、行为的原因,以及不同社会对于行为的适当性的影响等③,忽略了有的障碍可能会是因为个体与环境的不适应导致其严重程度加深,相应的在这种模式下,很多自闭谱系障碍个体的家长会有寻求治愈、复原或者至少"看起来正常"的愿望。很多家长学会各种干预方法并自己来实施干预,与自己的儿童的"自闭症"进行"战斗"。

一些自闭谱系障碍个体本人提出神经多样性运动的概念,即认为自闭症是一种"自我认同"的组成部分,越是认同神经多样性,越是可以接纳甚至庆祝"自闭症"的存在,而不是寻找原因或者寻找治

---

① Kapp, S. K., Gillespie-Lynch, K., Sherman, L. E., & Hutman, T. (2013). Deficit, Difference, or Both? Autism and Neurodiversity. Developmental Psychology, 49(1), 59—71.

② Baker, D. L. (2011). The Politics of neurodiversity: why public policy matter. Boulder, CO: Lynne Rienner.

③ American Psychiatric Association (APA). (2000). Diagnostic and Statistical Manual of Mental Disorders(4th ed. —Revised). Washington, DC: American Psychiatric Association.

愈之道。他们甚至会担心寻求原因为导向的研究可能最终会发展为通过基因预防，来根治自闭症；同时他们也认为现有的资源倾斜给原因导向的研究，会使得目前的"患者"失去应有的资源。神经多样性的观点，其实可以看到是障碍的"社会模式"，即不认为自闭症或者障碍仅是一种生物学导致的问题，而还是社会和政治的各种环境，包括基础设施等存在障碍，导致个体无法实现相应的权利。社会模式认为自闭谱系障碍由生物因素导致，但应该视作是人类多样性的一种被接纳，消除对于自闭谱系障碍的一些消极的观念，提高社会相应的支持和服务。

神经多样性的观点会更多地呼吁促进自闭谱系障碍个体的主体健康和适应性的功能而非典型的功能，反映在教育干预上，比如沟通方面，不一定要求自闭谱系障碍个体会开口说话，而是可以采用替代性的方式进行沟通。行为方面，反对消除那些异常的但是没有伤害性的行为，比如避免目光对视或者重复性的身体动作，因为基于神经多样性这些行为在不同的情境下可能是某种适应机制。神经多样性的观点更倾向于使用改善"自闭症"这个概念，而不是消除或者治愈这一障碍。

随着越来越多的自闭谱系障碍个体自身，还有他们的家长慢慢地理解这一障碍可能给他们的生活带来的"益处"，包括很多家长感觉自己在面对这一障碍的过程中变得"坚强"，增强了很多能力，同时很多家长和学者也意识到，除了寻找自闭谱系障碍的"病因"，我们更需要一种更全面的视角来看待这一障碍,还要考虑到环境的支持因素,看到自闭谱系障碍的积极的方面,重新审视原来认为的消极的"缺陷",把自闭谱系障碍视作是一种"差异",基于人类神经的多样性而存在的差异,从社会的角度来反思和努力,为他们提供一个更适应他们存在的文化和环境。

> **专栏2-2**
>
> ### 自闭谱系障碍儿童希望你知道的十件事情
>
> （1）我是个儿童
>
> 我是个儿童,虽然我有自闭谱系障碍,但自闭不是我唯一的特质。
>
> （2）我的感觉系统是失调的
>
> 在日常生活中,很多的影像、声音、气味和触碰可能不会让你注意,但却会给我带来极大的痛苦。你可能会觉得我不去接触社会或者对你有了攻击性,可我这样做只是想保护自己。我的听觉、嗅觉可能非常敏感。因为我是个视觉导向的人,视觉可能会成为我最易受到过度刺激的感官。
>
> （3）请记得将我"不肯"(我选择不要)与我"不能"(我做不到)分清楚
>
> 我不是不听话,而是听不懂你所说的话。当你直接用简单的话告诉我,我才会比较容易理解并按照你说的去做。

（4）我的思考方式非常具体，因此，我通过字面意思来理解语言

请用直接字面意思跟我说话，成语、俏皮话、歇后语、双关语、隐喻、暗示、讽刺，这些表达我都弄不懂。

（5）我掌握的字词有限，请对我多一些耐心

因为我无法用我有限的词汇来表达我的感觉，所以自然没法告诉你。所以请注意我的身体语言，退缩、烦躁或其他动作都可能是事情出错的征兆。不过有时候情况也可能相反，我可能会背出长篇大论（仿说），我可能并不了解自己所说的内容或者使用的术语。

（6）语言对我来说比较困难，我是视觉导向的

你与其跟我说怎样做一件事，不如示范给我看，并且，请你做好一定的心理准备，或许这样的示范要重复很多遍。图像式的视觉日程表有助于我的日常作息。

（7）请关注我能够做到的事，而不是我做不到的事

当我很确定如果去尝试做一些新鲜事就会遭受批评的时候，我就会避免去这样做。所以，请尽可能地找出我的一切优点，你一定会找到的。通往成功的路不止一条，同样，做很多事情的方法也不止一种。

（8）请帮助我进行社交互动

我不知道怎样解读人的面部表情、身体语言或者其他一些情绪，所以，如果你不断地教导我怎样作出合乎礼仪的反应，我会非常感谢你。

（9）请努力确定引发我情绪失控的因素

当我出现发怒、崩溃、发脾气或类似这种状况时，其实我比你们还要害怕。请你记住我的障碍，所有行为都是沟通的方式，他们会告诉你，我只是没有能力用语言表达对某件事情的感觉。

（10）请无条件地爱我

请不要有这样的想法："如果他可以……就好了。""为什么他就是不能……"有自闭谱系障碍并不是我的选择，但是记住，这件事发生在我的身上，如果没有你的支持，我几乎不可能拥有成功而独立的成人生活。

请记住三个词：耐心、耐心、耐心。

请不要把我的自闭谱系障碍看成是残障，请把它当做一种不同的能力。请跳出你可能受到的视觉限制，看到自闭谱系障碍给我的天赋。

摘自《孤独症孩子希望你知道的十件事》，作者：艾伦·诺波姆，译者：刘敏珍，中国妇女出版社（2012）。

四 如何判断"令人头疼"的行为是不是问题行为？

如果我们能把儿童的行为也当做他们运用的一种"语言"，当做他们与成人和他们生活的世界进行沟通的方式，并且愿意"倾听"，愿意去理解他们要表达的意图和情感，也许我们会比较容易理解他们的行为。

每一个儿童在发展过程中都可能会出现一些令成人头疼的行为，比如两三岁的儿童随着"自我意识"的发展，会非常"固执己见"，当你说"不要躺在地上"，他可能偏要躺在地上。这个年龄段的儿童有时候自我控制力较弱，当喜欢一个玩具的时候，可能不管这个玩具在谁的手里，就直接去争夺。还有一些行为是家长会很担忧的行为，但不一定能称得上是"问题"的行为，比如一到两岁的儿童有的会很喜欢转圈，或者有时候踮起脚尖走路，一岁左右的孩子喜欢把拿到的物品都放入口中"探索"等。当我们只养育一个孩子的时候，我们时常没有关于儿童发展，以及解读儿童的行为的内在意义的经验，也会时常把一些并不是"自闭谱系障碍"引起的行为都当做障碍的表现。实际上，自闭谱系障碍儿童的很多行为可能是"其他儿童"也会有的,只是可能在程度上有所差异。

我们讲到自闭谱系障碍儿童的问题行为的时候,有研究者提出界定一个行为能否被称为"问题行为",或者是否值得我们与教师或干预者一起来特别"处理"这样一个行为,需要考虑这样几点:

- 行为是否会伤害到自己;
- 行为是否会伤害或者干扰到其他人;
- 行为是否会影响或干扰儿童的正常活动(学习和生活)。

如果答案都是否定的,就像我们前面讨论的"神经多样性"运动那样,可以不要过于关注儿童的一些自我刺激或者刻板的行为,努力通过创设环境和一些儿童感兴趣的活动,让儿童去做一些有意义的事情。

对于这三点如果答案是肯定的,那就需要我们去进一步关注。研究者归纳了自闭谱系障碍儿童最常见的一些问题行为,其中包括自我伤害、敌意、注意分散、刻板行为、破坏行为(详见专栏 2-3)。也有学者把这些问题行为按优先处理的顺序分成三个等级,分别是破坏行为、干扰行为、分心行为。无论哪个等级的行为都将为自闭谱系障碍儿童的生活和学习带来不便,需要专业和系统的评估和干预(详见专栏 2-4)。

> 专栏2-3

自闭谱系障碍儿童常见的问题行为

破坏行为和自伤行为

破坏行为是指对个体或他人造成健康或生命威胁的行为。破坏行为包含咬、踢、抓、割、戳眼、撞头等行为。这类行为常常与自伤行为相伴,所以在评估和干预的过程中需要同时给予注意。

摩明格(Karl Merminger)首先提出"自伤行为(self-injurious behaviors,SIB)"的概念。早在1938年,他在自己的著作《自我对抗的人》中写道:"局部身体的自我伤害是一种自杀行为,这种行为区别于结束生命的自杀,是一种部分的自杀。"自闭谱系障碍者作为一个特殊的障碍群体,其自伤行为有别于普通意义的自伤,有其独特的含义。有研究者把自闭谱系障碍者自伤行为分为11种,分别是:打自己、咬自己、用自己身体撞击地面物体、把手指伸入除嘴以外的身体开口处、撕扯头发或皮肤、抓自己、拔头发、用物体打自己、戳眼睛、拔下手脚趾指甲、拔牙。其中,打自己和咬自己的频率最高,这两项发生率分别是93%和80%。"

固执(刻板)行为

固执行为是指儿童过分坚持以某种固定的方式或程序对待周围的人或事物,而完全拒绝接触新的事物或者转变程序的行为,例如反复地发出无意义的声音、反复地问同样的问题、坚持将物件摆放成特定的方式、按照某种固定方式饮食起居、出门坚持走同一路线等行为。自闭谱系障碍儿童的固执行为主要表现在感官的固执行为(如重复听同一首歌曲,长期盯着某一样事物等)、动作的固执行为(依序排列扑克牌或家人的鞋子)、恋物的固执行为(坚持携带或穿着某样衣物,拒绝使用新物件等),以及学业方面的固执行为(强迫自己记忆时刻表或反复问他人同一个问题等)。

注意缺陷和分心

自闭谱系障碍儿童在注意方面最明显的缺陷是难以持久。当要求注意缺陷儿童做一项无趣味或重复性的工作时,随着时间的推移,其动作表现比其他儿童明显要差;然而当他们对于一件事情感兴趣时,他们便会不断重复该行为,出现固执和刻板行为。

自闭谱系障碍儿童注意缺陷具体表现为难以约束和控制自己的注意力,思路很容易开小差;常易受外界细微干扰而分心,

理解自闭谱系障碍和早期干预

粗心草率。周围环境中发生的变化、出现的新的刺激容易引起他们的反应,因而对新奇和有趣的故事、电影、电视和游戏会相对集中注意去听、去看、去做。

几乎所有自闭谱系障碍儿童的家长都会反映,自己的孩子像有用不完的精力,他们上蹿下跳,且乐此不疲。注意缺陷儿童由于注意涣散、自控能力差而导致活动过多。他们的行为常常不分场合,不顾后果,无法控制。具体表现为手脚动个不停,眼睛东张西望;常常做小动作,喜欢咬指甲、吸手指;做事无目的性,动作杂乱无章,不停变换花样。

需要注意的!

我们必须了解到自闭谱系障碍儿童的这些行为,很多时候并不是儿童主观故意造成的,是与他们的障碍密切相关的,可能是他们去适应这个世界的某种机制,我们首先要能了解并理解他们的行为,而不是把所有的行为当做问题,通过合理的解读,改善行为出现的背景,寻找替代行为,以确保儿童的安全和健康为前提,减少这些行为对于儿童适应和学习的干扰。

> 专栏2-4

如何来面对自闭谱系障碍儿童的问题行为

在对自闭谱系障碍儿童的问题行为干预中,应用行为分析(Applied Behavior Analysis, ABA)是一种运用最普遍和有效的技术。研究表明,持久的行为与不断的自我强化有关。根据应用行为分析的基本原理,目前常用的行为疗法主要包括塑造法、锁链法、示范学习法、奖励与惩罚疗法、消退法、暂时隔离法、消极练习法和放松疗法。

积极行为支持(positive behavior support, PBS)自20世纪80年代开始提出,可被看做是行为矫正若干原则和方法的集合,旨在利用一系列"能有效地改变不良行为、尊重人的尊严、成功促进个体能力、扩展个体的机会、增进个体生活质量"的方法帮助有障碍和严重问题行为的个体。它基于行为主义心理学原理,包含了强化、消退、区分强化等一系列策略,强调通过正向的行为干预而非负性的惩罚方法,来对个体的行为进行干预。

根据临床经验和研究,如果自闭谱系障碍儿童能逐步掌握替代行为,再辅之以其他行为干预方法,则其问题行为能得到明显的改善。替代行为的具体例子通常包括功能性沟通技能、社会交往技能和自我管理技能等。在一些临床研究中,自闭

如何 理解自闭谱系障碍和早期干预

谱系障碍儿童表现出许多自伤性行为和侵犯行为。研究者通过观察法和实验法发现,掩藏在自闭谱系障碍儿童这些问题行为背后的"所欲",既是为了得到所喜欢的东西(如好吃的食品),又是为了逃避所厌恶的困境(如较难的任务)。在这种情况下,治疗人员就必须训练自闭谱系障碍儿童学习多种作为替代行为的沟通技能。由于参加这一研究的自闭谱系障碍儿童有些是没有语言能力的,治疗人员就教这些孩子学习先用手语表达"我要",然后用手指向所要的东西。这些动作就成了意在得到喜欢东西的问题行为的替代行为。与此同时,治疗人员还教这些孩子学会使用一张写有"请你帮我"字样的卡片。面对困境时自闭谱系障碍儿童们可出示该卡,从而得到迅速有效的帮助。以此作为意在逃避困境的问题行为的替代行为。临床实验的数据表明这种沟通技能的训练同样达到了削弱自伤性行为和侵犯性行为的良好疗效。

关于行为矫正或者行为干预,更多内容可以参考:黄伟合,贺荟中.功能性行为评估与干预[M].北京:华夏出版社,2013.

还要特别注意的是,当我们无法阻止自伤和伤人行为的时候,比如撞头、打人、咬人等行为的时候,我们可以在我们和儿童之间设定一个柔软的屏障,而不是束缚他们的身体,我们可以用沙发垫或者豆袋,让儿童击打在这些柔软的物体上面,而不是其他物体或者人身上。如果儿童喜欢咬人,成人可以带上软手套,避免儿童直接咬到手部;如果儿童喜欢撞头,成人可以用大大的软手套保护住儿童的头部,让他们撞到软软的手套上。这样做首先可以保护儿童使其免受伤害,并且能够让儿童的情绪发泄出来后使其停下来;但我们在儿童安静下来之后,还是需要进行功能行为分析,并想办法使其回到常规的训练和干预中。

五 嗨，我们是这样学习的！我们可以学习！

每一个儿童都具有神奇的学习能力，即使非常小的婴儿都非常热衷于学习，而且他们知道的可能比我们认为的还要多，像一个小科学家：他们慢慢发展出周围世界如何运转的观点，并通过他们的肢体动作和感觉来验证这些观点。他们从能接受的所有的经验中吸收信息，并使用信息来改善他们关于世界如何运转的观点。举例而言，从一出生，婴儿实际上就有听和发出不同言语声音的能力，他们具有听懂和发出这个世界上存在的不同的口语的能力！如果一对美国夫妇的孩子出生在中国，并在中文环境里长大，他就会听懂中文并学会用流利的中文进行表达，如果儿童没有处在相应的语言环境之下，随着时间推移，这个能力就消失了。再比如从一出生开始，婴儿可以识别熟悉的声音和面孔。他们生来就准备好了和这个世界（各种事物还有人）进行互动的能力，并在互动中发现和学习。

那么自闭谱系障碍儿童呢？我们需要仔细考虑下面的问题：

- 在自闭谱系障碍儿童每天不同的活动中可以学习的机会有哪些？

- 自闭谱系障碍儿童积极参与并有价值的活动有哪些？
- 自闭谱系障碍儿童有从他人那里学习的基本技能吗，例如注意他人，模仿他人，和他人游戏，观察别人做什么？
- 自闭谱系障碍儿童有妨碍向他人学习的问题行为吗，例如，经常发脾气或者有过多的重复性行为？

我们来比较两个小婴儿早上醒来的五分钟内的活动，来看看自闭谱系障碍儿童与典型发展儿童相比，他们学习的过程有什么不同？（也可参考表 2-2）

安安

当她醒来，她开始咿呀咿呀地发出声音，并开始玩自己的手或者脚趾或者婴儿床中的玩具。然后她把玩具扔出来了！她把玩具扔到婴儿床外面的时候会发生什么呢？当她听到玩具掉到地上的声音的时候，她可能会喊出来，模仿这个声音。她记得上次她发出很大的声音，父母就来了。所以她很想知道当她咕咕叫或者当玩具在地板上发出很大声响时，她的父母会如何反应。然后很可能会发生的是，她注意到妈妈或者爸爸开门的声音。她很快转向这个声音并集中在父母的面部表情和他们过来时说的词语上面（安安，你醒啦！）。安安在这五分钟里，做了很多事情，与玩具互动，也探索了周围的人对她的行为的反应，而且她已经学习了关于简单的因果关系、重力，还有看到父母的愉悦的情感和一些简单的词语的知识。

小米粒

她醒来同样开始在婴儿床里玩,但是她的玩法是不同的。她可能忽视了玩具,而是对光线怎样从窗帘的缝隙中穿过很感兴趣。她可能前后倾斜她的脑袋对光线进行验证,注意到随着她脑袋的运动光线是如何变化的,观看她的手和手指在光线中运动。她可能花很长时间前后摇晃她的头并观察光线。她很安静,不会发出太多的声音。当她的父母过来让她起床,她不会去看他们的表情,或者不会听到父母的声音就把脸转向他们。光线的形态仍然吸引着她。她同样也在学习,但并不是学习玩具、言语声音、面孔和人,她学习的是光线的形态和动作。她已经失去了学习怎样沟通、社会交往和游戏的重要机会,因为她没有呼唤父母过来,或者他们过来的时候没有看着他们,因为对她而言,光线比玩具更有趣。她对光线和手指、头部动作的长时间关注已经妨碍了她对其他可得到的学习机会的关注。

通过这两个小婴儿的比较,我们会发现,自闭谱系障碍儿童也有学习的能力,但她们需要我们的支持和帮助,需要我们的"介入",因此早期干预就显得非常重要,而早期干预的中心目标是帮助自闭谱系障碍儿童关注重要的社会学习机会,例如言语、面孔和手势,并有所提高,或者更为显著是,对人的关注(其他人的动作、声音、词语和面孔),因此,儿童可以更好地理解对典型的语言和社会发展非常重要的信息。而这些社会学习机会是自闭谱系障碍儿童无法像其他典型发展儿童那样自然地学习和掌握的内容。

表 2-2　典型发展儿童和自闭谱系障碍儿童学习的不同

	大多数典型发展儿童	自闭谱系障碍的儿童
学习的机会	通过主动探索社会的和非社会的环境，参加多种学习机会。	倾向于较少关注社会环境，更关注非社会环境；这限制了社会学习机会。
参与的有价值的活动	自然地对他人感兴趣，包括他们的面部表情、动作、姿势和词语。发现社会活动非常有意义。好像对人比对东西更感兴趣。	自然地对东西感兴趣，并用不寻常的方式探索它们，例如闻和从某个角度观看物品。好像和人相比，对东西更感兴趣。
学习的基本技能	乐于模仿别人；能够理解他人对他的动作、姿势和声音做出反应；使用多种方法来探索东西，和物品玩耍。	不乐于模仿，不理解他们的行为影响其他人的行为；玩玩具的方式非常有限。
妨碍性行为	参与一些重复性的游戏，但能很容易把注意力转向其他活动。	长时间参与重复性游戏，当别人试图让其参加其他活动时很困难，或者感到很沮丧。

专栏2-5

自闭谱系障碍儿童面临的特殊学习挑战

许多研究表明了自闭谱系障碍个体和世界互动的特殊方式，因此，能够帮助我们更好地理解和自闭谱系障碍相关的学习挑战。这些挑战是早期干预要解决的目标。下面是自闭谱系障碍儿童学习的常见挑战：

注意：不是自然地关注人，包括他们的面部、姿势和声音，自闭谱系障碍儿童倾向于更多地关注物体和其他非社会性类型的信息（光、图案等）。

社会动机：不是经常寻求和他人进行互动并和别人分享经验，自闭谱系障碍儿童可能喜欢独处或者在别人旁边玩，但不和别人一起玩。

手势的使用：当尝试沟通时，自闭谱系障碍儿童不使用手势和他人分享经验，例如用手指指点和把东西展示给别人看。他们通常也不理解或者不对他人沟通性的手势作出回应。

模仿和轮换：不是即时模仿别人的声音和动作，自闭谱系障碍儿童不经常模仿别人，也不经常参与前后的玩具游戏。这在他们看来好像不是特别有趣。

玩玩具：不是探索许多物品并以创新性的方式使用它们，自闭谱系障碍儿童经常过度关注物体的一小部分，并一遍一遍地重复同样的动作。当这种方式被别人打断时，他们会变得很不高兴。他们通常自己玩玩具而不是和他人一起。

咿呀作声：不会制造很多声音并关注他人发出的声音，自闭谱系障碍儿童可能会表现出不同寻常的安静。他们只发出很少的声音。他们的声音听起来可能不像言语，他们并不用声音向他人传递信息。

唤醒和感觉敏感度：和其他儿童不同，自闭谱系障碍儿童可能很容易被过度刺激或者对不同的感觉反应性很低。他们可能对于接触、声音或者光线有不寻常的感觉。

为什么自闭谱系障碍儿童有这些特别的挑战？这和自闭谱系障碍如何影响大脑发展有关。大脑中有专门进行社会学习的区域，例如目光接触和情感反应。当这些区域正常运作时，儿童自然会被吸引到社会经历中并很容易地学习语言和社会互动。研究已经表明大脑中专门负责语言和社会交往的重要区域在自闭谱系障碍儿童中功能不足。在大脑的具体区域间的联结也比正常情况下要少，例如感觉区域专门感知声音、视觉、触觉和专门理解我们经历的声音、视觉和触觉的思考区域之间的联系。这表明，自闭谱系障碍儿童能体验环境中的人和物，但在理解这些经验方面存在困难，尤其是和社会学习和沟通相关的内容。

儿童神奇的另外一个表现就是，在生命早期大脑的可塑性很强。哈佛大学儿童发展研究中心发现，在0~2岁婴儿的大脑发育过程中，每秒钟建立700个神经元的连接，因此通过专业的早期干预，能够激发社会交往和沟通能力发展，促进大脑的发展！研究也发现自闭谱系障碍儿童能够很好地学习。他们可以形成对家庭成员的社会依恋，这种适合他们自己的独特的学习方式可以收到良好的结果。自闭谱系障碍儿童可以克服许多挑战，成为积极融入社会、有动力的和有创造力的学习者。

第三部分

我和我的孩子：父母的功课

如何 理解自闭谱系障碍和早期干预

一 如何进行自我调整

在得知自己的孩子有自闭谱系障碍的最初几个月,甚至几年里,我们会倾向于将自己和其他家庭成员的需要搁置不顾,专注于照看自闭谱系障碍孩子。但是考虑整个家庭,包括自己的需要非常重要。人们会倾向于把自己放在一个"最不重要"的位置。事实上,照顾好你自己是你能够照顾好其他任何人的唯一方式。因此,多想想自己在做些什么,确保自己的身心健康至关重要。

首先,需要面对的是自己的情绪,得知孩子患有自闭谱系障碍后,家长可能会突然感觉生活和自己预想的全然不同。本来准备迎接最可爱的小天使的家长感到失落和难以置信,而更多的是对孩子未来生活的担心,对自己和自己家庭如何调整、适应这一变故的担心。家长的这份困惑、茫然和焦虑是十分正常的,相关研究显示自闭谱系障碍家长在得到孩子的诊断后通常要经历否认、愤怒等情绪才会慢慢接受和适应(详见专栏3-1)。但是,家长不能一直任由心中的这些担心、难受、焦虑将自己包围,而应该对自己的负面情绪做一些积极的处理。这对于孩子和家庭都有着十分重要的影响,如果家长能调整好自己的情绪,以更加积极、乐观和有活力的姿态面对自己的孩子和家人也会促进教育干预的良性循环。

专栏3-1

家长知道诊断后一般经历的情绪阶段[①]

研究者归纳了一般"悲痛"的六个阶段,一般来说,悲痛的情绪并不是"线性"发展的,很可能会反复,在某个阶段停留的时间很久,甚至会倒退到某个阶段,但如果我们积极应对,我们最终可以与我们的情绪和平共处。

- 震惊:"为什么会是我的孩子?!""这肯定搞错了!我要换个医生。"

一般我们初次听到医生告诉我们关于儿童的诊断的时候,我们都会觉得非常震惊或者困惑。我们无法接受这样的一个诊断,或者还没有准备好去接受。我们会质疑诊断的正确性,或者希望听到别的医生告诉我们另外的判断。

- 悲伤:"我什么也做不了。""什么希望也没有了。"

很多家长会觉得在为孩子寻找帮助前,他们失去了一部分原来的希望或者关于孩子的未来的梦想。家长无数次会觉得非

[①] 100 Day Kit: A tool kit to assist families in getting the critical information they need in the first 100 days after an autism diagnosis. www.autismspreaks.org. 2013-7-20.

常悲伤。我们可以悲伤，并且也应该努力去表露我们的悲伤，比如哭泣，找一个人倾诉。但最好不要让悲伤的情绪蔓延，并且消极到"抑郁"，放弃所有的希望，不再相信自己和孩子会有未来，如果出现这样的情况，要尽快寻找专业帮助。

- 愤怒："这不公平，为什么是我的孩子！"

随着时间推移，悲伤可能会被愤怒取代，虽然愤怒有时是很自然的情绪，但是你会发现，一般愤怒的对象是与我们非常亲近的人——你的配偶、你的孩子、你的父母和你的朋友。你的愤怒也可能会以另外一种形式表现，比如看其他人会觉得不顺眼，对很小的事情反应过度，甚至会大喊大叫。愤怒是正常的，特别是我们获知儿童的诊断后我们感觉到失去了什么或者感觉到压力，当然适度的表达会缓解你的压力，可以告诉周围的人，你觉得很难受，你并不是针对他们，只是你在努力适应面对这样一个现实。

- 拒绝："这不可能发生在我的身上。"

你也可能会经历这一段时间，拒绝相信自己的孩子患有自闭谱系障碍，这并不是你有意识的决定，而是一种可能的应激反应。如果是这样，你可能不想听到跟你的孩子的诊断有关的任何信息。虽然这是一段很困难的时间，但你一定要认识到自己是处在"拒绝"的阶段，至少不要因为自己的情绪，而拖延了儿童的治疗和干预。当医生或者心理学家、特殊教育学家告诉你一些相应的建议的时候，你需要让自己明白他们是在试图帮助你，无论你是否承认孩子的问题，你必须试着冷静下来，努力采取措施去促进孩子的发展。

- 孤独："没有人可以理解我。"

你也许会感到孤立和无助。这样感受的原因很多，也可能因为一纸"诊断"让你处在一个全新的境遇里，你根本反应不过来去联系朋友、家人来陪伴你。也许你会觉得即使你去跟大家联系，也没有人可以真正理解你的处境，也没有人可以真正帮你什么。因此你需要了解怎样去自我支持，自我调节，逐渐去建立一个社会支持网络。

- 接纳："好吧，既然这样了，我可以面对。"

最终，你也许会接纳发生的一切，接纳自己的孩子被诊断为自闭谱系障碍。你开始努力去为自己的孩子寻找帮助和支持。这个过程对于任何一个家庭而言都是非常艰难的，而且很多时候会反复，谁也无法预料自闭谱系障碍儿童会遇到什么样的困难，而他又会给家庭生活带来什么样的挑战，因为你要允许自己反复，你可能会时不时地感觉愤怒或者无助。但你要相信，当你的孩子取得进步的时候，你又会感受到希望的存在。

家长要用平常心看待儿童：是否患上自闭谱系障碍并不是儿童能够选择的，儿童对于每个父母来说都应该是独特的、可爱的和奇妙的存在，自闭谱系障碍只是儿童伴随的特征，父母对儿童的爱、关心和支持应该是一样的；且家长需要对儿童抱有一个合理的期待。家长应和教师、医生等相关干预者共同讨论，了解自己儿童在学习、社交等各方面能够达到的水平，以此为基础来对儿童的发展和未来规划作出合理的期待。

家长要给自己时间去接受和适应儿童患有自闭谱系障碍的事实，并更多关注自己和儿童做到了什么，关注生活中的积极面；给自己留时间，做自己喜欢的事，花时间和自己的朋友在一起。

其次，照顾好自己的身体！我们可能觉得应该把时间全部都用在帮助自闭谱系障碍儿童身上，我们没时间照顾自己，但是：如果你疲惫、超负荷或承担压力，你又如何能够照顾好自己的儿童或家人呢？照顾好自己，就像照顾他人一样，这样你才会后劲十足。怎样照顾好自己的身体呢？你可以试一下专栏3-2里的方法。好的营养和好的睡眠，然后有规律的锻炼是保持身体健康的基础。

专栏3-2

如何照顾好你的身体！

身体和心理健康建基于充足的营养、睡眠和锻炼之上，这些在你面对获悉自己的儿童得了自闭谱系障碍时就显得更为重要。因为当你为了照顾这个孩子投入所有的精力时,你很容易忽视自己。你可能会忘记用餐,去快餐店打包似乎成了你唯一的选择;每天只有5~6小时的睡眠,你也可以轻易伪装成精力充沛;你很容易没有时间去散步或者稍微做一些锻炼。

良好的营养对你和孩子一样都非常重要——充足的谷物、大量的水果和蔬菜,低脂肪的奶制品、瘦肉、禽类和鱼,以及坚果和豆类——这些可以保护你免受疾病侵扰,使你的能量最大化并增强你的心理能力。试试下面的建议:

- 购买新鲜水果和即食蔬菜,并把它们放在桌子上,以便你和你的家人能够首先想到水果,而非翻箱倒柜寻找高能量零食。用水果和蔬菜替代零食和饼干并不会花费很多。
- 尝试每周抽出一定的时间来做饭。在做的时候,炖一大份鱼、烧肉汤或做一大盘鸡,放在冰箱里,这样你可以连续几天享用。或者可以在家附近找一家口味和菜品都比较新鲜的饭店,要尽量让自己和家人吃好,营养均衡。
- 如果有条件可以请人来帮忙,比如钟点工,或者身体还健康的老人,甚至是你的朋友或者同事。

如果你全天忙于照看儿童,晚上也因为忧虑难以入眠,睡眠就变成了稀有物品。这里有一些有益睡眠的建议:

- 把睡眠视为神圣的事,每天在合理的时间睡觉,即使你感觉要做的事还遥遥无期。
- 做一些有助于睡眠的事,而非再为自己增添压力。不要在床上看新闻,也不要躺在床上计划第二天的日程。洗一个热水澡或淋浴,读一些有趣的故事,听一些放松的音乐,或想想生命中最让你放松的时刻。
- 如果你受失眠困扰,严重影响到你的生活,不要以为等上几周就会自动恢复,请立刻咨询医生!
- 如果你的孩子和你一起睡,而你觉得会影响到你们的睡眠,可以尝试让孩子分床睡,慢慢过渡到分房休息。

每天坚持20～30分钟的锻炼有益心脏和肺,有益睡眠和平复情绪。这里有一些父母和儿童在家可以一起锻炼的机会:

- 把婴儿放在婴儿车中,或者带着孩子一起定期在周围散散步。这对于儿童来说也是一个很好的锻炼机会。
- 两位成人一起定期去公园——一人照看儿童,另一人可以好好地散散步,两人轮流。
- 如果你原来有喜欢的运动项目,可以安排和伴侣或者朋友一起散步、骑车、去体育馆或参加舞蹈课的时间和机会。
- 安排儿童由好友或者家人照看,为你留出锻炼时间,甚至可以两人一起。

根据医学研究，日常的锻炼能够：

- 提高你的情绪状态；
- 减轻压力；
- 提升你的自信；
- 抵御心脏疾病；
- 增加自身能量；
- 维持体重；
- 促进良好的睡眠。

研究表明体育锻炼还能够缓解抑郁和焦虑。一项研究发现短短10分钟轻快的散步就能让人减轻压力，提升能量。

部分内容参考 Rogers, S. J., Dawson, G., & Vismara, L. A. (2012). An Early Start for your child with Autism. NY: The Guilford Press. pp. 38—40.

最后，家长要学会构建和运用身边的支持网络，向配偶、家人、朋友寻求情感上的支持；通过相关论坛、微博和相关书籍了解有经验的家长的心路历程，也可以加入一些家长的互助的团体，从而带给自己启发和力量；参阅一些心理学情绪调节方面的书学会放松自己的心情、调整自己的状态。

特别是要积极维护与配偶的关系，抚养一名自闭谱系障碍儿童的挑战会对你们的婚姻带来负面影响吗？并非如此！实际上，基于对上百个自闭谱系障碍儿童家庭的研究发现，在儿童自幼年成长至青少年的时间里，家庭中夫妻的离婚率与没有自闭谱系障碍儿童的家庭不存在差异。

照看一名自闭谱系障碍孩子带来的额外压力会导致维护夫妻关系的时间减少，何况照看一名年幼儿童本来就需要占用一部分时间。你可能会觉得自己别无选择。你的自闭谱系障碍孩子的需要最重要，但你的伴侣是你的社会支持系统的重要部分，应该让他/她了解你的感受，和你一起来照顾好整个大家庭。

当您用自己通常的方式仍无法较好地调整好自己的心态，建议您去寻找专业的帮助。尤其是如果您出现睡眠质量下降、无论怎样努力都无法控制自己的消极想法、没有食欲、比通常更易发脾气等表现，甚至产生生活没有意义的想法时，就说明您的焦虑已经影响到了您的生活，这时您就更需要寻找更为专业的帮助，通过专业的心理咨询师帮助您更好地调节自己的状态。

家庭支持

家庭支持是我们的支持网络里最容易获取也是能给予最持久的帮助的一部分,因此获得家庭其他成员,特别是配偶之间的相互支持,对于此刻和未来养育一个自闭谱系障碍儿童来说非常重要。特别是未来我们需要大量的时间和精力投入自闭谱系障碍儿童的干预和教育中,我们更需要家庭内部的相互理解和支持。

在巨大的压力面前,家庭的每个成员可能都会经历非常艰难的一个过程,都会觉得沮丧、焦虑、愤怒甚至绝望,家庭成员之间切忌相互指责。曾经有一对年轻的夫妻来咨询,父亲的问题就是"孩子得了自闭症,更可能是妈妈这边的问题,还是父亲这边的问题"。也有的长辈会非常不理解,爷爷奶奶与外公外婆会因为获悉孩子的诊断后相互指责对方的孩子"看起来就有自闭症倾向",而很多中国的案例也会发现,母亲通常会承受非常大的压力,在后续的干预中,也经常是由自闭谱系障碍孩子的母亲承担了主要的教育和养育责任,包括辞职成为"全职妈妈+全职干预老师",也因此承担了儿童能否康复的"首要责任人"。

其实每个成员内心都是希望孩子能获得进步和发展,但我们也要认识到,每一个自闭谱系障碍儿童的情况非常不同,在确诊后接下来的不是半年或者一年的教育干预,很可能是一场持久战。很多自闭谱系障碍儿童需要终生的支持和辅助,因此单靠一个人的力量是很难坚持的。家庭成员间相互的包容,把关注点放在儿童的发展上尤为重要,而且最重要的是对于早期干预的观念要尽可能地达成一致,避免成人之间的冲突和不一致最终影响到儿童的发展。而家庭关系中的核心是夫妻关系,如何处理与配偶的关系,可以参考专栏 3-3。

专栏 3-3

爸爸妈妈,请一起帮助我!

夫妻关系是整个家庭关系的核心。虽然很多时候,在一个小生命加入这个家庭后,重心会转移到新成员身上。而当这个孩子被诊断为"自闭谱系障碍",他/她所获得的关注就会更多。潜在的压力和焦虑确实会影响到夫妻的关系。但问题的关键在于,良好的夫妻关系是我们去为孩子坚持一场持久战的重要的资源和基础!配偶的支持是最为关键的,可以一起去获得家庭的其他成员的理解和支持,对于非独生子女家庭,我们也需要配偶来一起照顾另一个孩子,除了情感和心理的支持,还有一个很现实的因素,是经济因素,很多家庭会选择一个人辞职来承担进行康复的责任,这就意味着另外一个人需要负担起更重的家庭的经济责任。

不同的婚姻关系和夫妻关系有自己的联结模式,下面是一些小建议:

- **倾听**

当你的伴侣在讲述时,静静地倾听。不要带有评判性的打断。试着去复述他讲述的内容以确保你理解了她/他的观点和感受。

父母关于自闭谱系障碍儿童有不同意见非常普遍,他们对于诊断结果、干预方法的选择、规则和预期效果可能有不同观点。对于这些分歧,首先要做的就是选择一个良好的时机直接去讨论这些问题,这样你能真正了解你的伴侣就这件事是怎么考虑的。第二步就是真正倾听他们的观点并认真地加以讨论,而不是觉得你的伴侣不懂或不理解。例如,如果你的伴侣建议采用一种你不认同的干预方法,试着通过回应更多地了解为何你的伴侣觉得这是个不错的方法,而不是否决这一观点或批评你的伴侣。仔细地听对方解释,并寻找一个折中点,或找到一个你们俩都认同的方法。另外也可以尝试听听其他家庭成员的意见,或者专业成员的意见,在我国目前,家长仍是儿童寻找

理解自闭谱系障碍和早期干预

干预和康复的主要资源,但你还是可以去寻找帮助。在你寻求他人的帮助之前,努力开放、尊敬地倾听彼此。

● 告知你的伴侣你在乎她/他

对你伴侣的感受表达接纳和共情,对她/他的生活表示兴趣,是表达你在乎对方的重要方式。

很多情感和婚姻专家都强调每日与伴侣进行一定互动的重要性。可以是一句"你今天又辛苦了呢",也可以是一个小小的拥抱,这种每日的互动是建立强健亲密关系的基础。看看你能否找到一种有效做事或表达事物的方式。这种普通但充满爱意的表达可以储蓄你的"感情银行账户"。有这样一个充盈的感情账户能够在现在、面临持久的压力或产生矛盾时给你们每个人带来帮助。你能够从中获益。带着你需要的,尽可能多存储。

特别是在最初了解到儿童的情况,获悉诊断的时候,写一些备忘的小纸条帮助自己记住在这段艰难时期维护关系的重要性。当然你可以把它们记在任何你经常可以看到的地方,譬如:记在手机上、贴在每天早上更衣时都要打开的抽屉里,衣服旁边的橱柜里,或者任何对你有效的地方。

- **保持你的幽默感**

保持健康幽默感对于婚姻也是有百利而无一害的,特别是面对共同抚育一个自闭谱系障碍儿童可能会存在的困难。笑容减少压力、感觉良好、增加亲密感。尤其在争论时,幽默(只要没有攻击或诋毁对方)能够缓解紧张、减轻局势。甚至听起来有些愚蠢的一起看幽默电影也能够增进关系、缓解压力。找到引发笑容的方式。考虑一次"周五/周末家庭喜剧之夜",这一晚你们轮流挑选喜剧电影一同观看。

- **花时间维护你们的关系**

"花时间维护关系",在这点上"说得比做"容易得多。尝试去固定下来一些时间专用于:(1) 和你的伴侣在一起;(2) 分散对儿童的注意力;(3) 享受彼此在一起的时光。每天只要花几分钟时间和彼此相处就会真正有助于在这段困难时间里增进彼此的联结,更开放地以一种关心、不加评价、真诚的方式倾听彼此的欢乐与忧伤。当朋友或家人询问他们可以给予哪些帮助时,让他们过来陪伴儿童,为你们留出一些"两人时光"。花时间维护你们的关系包括共同为你的儿童寻求一些可信的帮助,包括继续工作的一方可以尽量安排时间看看儿童每日的干预情况,了解另一方的困难;在选择机构和学校的时候共同出席等。有时候也可以尝试寻找一些志愿者服务。

如何理解自闭谱系障碍和早期干预

专栏3-4里是一位自闭谱系障碍儿童的父亲在获悉自己的孩子患有自闭症后写给儿子的一封信,这里之所以做推荐是因为从信中我们可以看到喜禾的父亲用一种东方的幽默去讨论这样一个艰难的时刻,包括如何与家人一起面对这个艰难时刻。

专栏3-4

给自闭谱系障碍儿子的一封信

吾儿喜禾:

这封信本来打算你18岁的时候给你写的。你在外地读大学,来信问我对你找女朋友一事的看法。

我再次重申,大学四年是人生最美好最宝贵的四年,应该用在有意义的事情上,要以恋爱为重。至于学习,如果还有时间,就去抄抄同学作业。

还有一点,你父亲必须提醒你的:不许在宿舍打麻将!

麻将洗牌的动静太大,易为校方所发现。别跟我说把你女朋友的连衣裙垫在桌子上了,没用的,就算把你女朋友垫在桌子上——我就不信你还有心思打。你父亲的态度很明确:弃麻将而择纸牌,是为上策。打纸牌动静小是其一,更主要的,就算校方发现,一副纸牌没收了你也不至于心疼。另:校方没收纸牌时你不可太老实,建议你抽出两张,让他们也玩不成。

......

这封信提前了16年。提前16年写的好处是：有16年的时间来修改,更正,增补;坏处是：16年里都得不到回信。

提前16年写这封信,确实有难度——不知道收件人地址怎么写。

因为你就住在我家里。虽然没有法律规定收信人跟寄信人的地址不能相同,但是邮递员会认为你父亲脑子有病。

吾儿,我都能想到你收到这封信的反应——你撕开信封,扯出信纸,然后再撕成一条一条的,放进嘴里咽下去。

你这么做,我认为原因有三：一,信的内容让你生气了;二,你不识字;三,你是自闭症,撕纸就是你的一个特征。

不知道你是哪一点,盼回复。

一年365天,每天都差不多,但是因为有人在那天出生,上大学,结婚,第二次结婚……那一天就区别于另外的364天,有了纪念意义。

吾儿,你也一样,在你的生日之外,还有一天,不管是对你父亲还是对整个家庭来说,都意义重大,你父亲的人生方向都来了一个180度的大转弯——那天,你被诊断为自闭症,你才两岁零六天。

那天凌晨两点，我就和你母亲去医院排队挂号，农历新年刚过，还是冬末，你母亲穿了两件羽绒衣还瑟瑟发抖。

在寒风中站到6点，你母亲继续排队，我开车回家去接你。

到家把你弄醒后，带上你的姥姥，我们又匆匆赶回医院。

那天你真可爱，一路上咯咯笑个没停，一点都不像个有问题的孩子。

你姥姥本来就不同意带你去医院检查，半路上就说不去了。但我还是要带你去。

你都两岁了，不会说话没叫过爸爸妈妈，不跟小朋友玩，你也不玩玩具——知道你是想替父亲省下买玩具的钱，但有些玩具是别人送的你玩玩没关系的。

叫你名字你从来都没反应就像个聋子一样，但你耳朵又不聋。

你对你的父母表现得一点感情都没有，很伤我们的心。

你成天就喜欢进厨房，提壶盖拎杯盖的，看见洗衣机就像看见你的亲爹。你这个样子我怎么能放下心。

到了医院才知道，你母亲差点白排一晚上队了，中间进来几个加塞的眼看把你母亲挤掉。

你母亲急了撂下一句狠话：如果我今天看不成病你们谁也别想看成。

你母亲字正腔圆的东北话发挥威力了。有个老头脱下假发向你母亲致意。还有一个人则唱起了赞歌:这个女人不寻常。

吾儿,在大厅候诊的时候我们很后悔,怎么带你来到这个地方来了:一个十来岁的女孩一直都很文静却突然大声唱起"老鼠爱大米";

一个七八岁的男孩一直在揪自己的头发——揪不下来就说明不是假发但还要揪;还有一个十来岁的男孩一直在候诊室晃荡,不时笑几声,笑得让人发毛……北大六院是个精神病医院,我们不该带你来这个地方的。

好在很快轮到我们了。你像是有所感觉,却开始哭起来,死活不肯进诊室。

吾儿,医生其实没那么可怕,医生也扣鼻屎,刚才我闲逛时看到的。

而且跟我们一样,医生扣鼻屎也是用小拇指而不是用镊子。

可能的区别在于:医生扣鼻屎前会先用酒精给小拇指消毒。

给你检查的医生是个专家,我们凌晨两点就来排队就是想给你最好最权威的。专家确实是专家,跟我们说的第一句话就

理解自闭谱系障碍和早期干预

很不一样:等一会,我接个电话。专家接电话也很有风格,干脆简短:……不卖!以后别给我打电话了,烦不烦。

但是我希望专家跟我们说话还是别太简短了,最好婆婆妈妈多问几句,我们凌晨两点排队不能几句话就给打发了。

专家问了你很多,但我们都代劳了。你太不喜欢说话了,以听得懂为标准:迄今为止你还没说过一句话。你不能跟小狗比,小狗见到我会摇尾巴,你有尾巴可摇吗?所以你要说话,见到父亲上班回来,你要扑上前去说:爸爸你怎么提前回来了,有个叔叔在妈妈房间还没走。

专家还拿了一张表,让我们在上面打钩打叉,表上列了很多问题,例如是不是不跟人对视、对呼唤没有反应、不玩玩具……符合上述特征就打钩。吾儿,每打一个勾都是在你父母心上扎一刀。你也太优秀了吧,怎么能得这么多勾?!

专家说,你是高功能低智能自闭症——吾儿,你终于得到了一把叉了,还是一把大叉,叉在你名字上——你的人生被否决了;你父母的人生也被否决了。专家说完,你母亲说了三个字:"就是说……"。就是说什么啊,就是说可以高高兴兴去吃早餐了?就是说将来不用为重点小学发愁了?就是说希望在人间?还是就是说:医生,吓人是不符合医德的哦。吾儿,你母亲当时只说出了"就是说"三个字,之后就开始哭了。专家拿出了她的人道主义精神,她说:也不是完全没有希望。人道主义是催泪弹。你母亲泪如泉涌——哇噻,也太多了吧,我看她以后三年都没泪可流了。

我问专家:自闭症是什么原因造成的?

专家说了很多很多,什么神经元什么脑细胞……我不想知道这些医学术语。

我对专家说:您就简单说吧。专家去繁就简,一言二字:未知。

那怎么医治呢?专家曰:无方!

不知道病因,又没有方法治疗,这他妈的什么医院。

你的父亲当时英文都逼了出来:FUCK ME!

正如专家所说,也不是完全没希望。有几家康复机构可以选择。专家开始化身指路神仙了,机构分别叫什么在哪怎么去。

你知道的还不少啊,专家。入机构就能康复吗?你父亲又问专家。专家说:目前世界上还没有一个完全康复的案例。两个字几种写法多少笔画,你的人生里永远不需要用这两个字来表述。

吾儿,你知道绝望有几种写法吗?你知道绝望有多少笔画吗?吾儿,你还不识字,将来你识字了,我希望你不需要知道这两个字几种写法多少笔画,你的人生里永远不需要用这两个字来表述。专家说你这是先天的,病因未知。就是说,你姥姥姥爷把你带大,免责;你父亲母亲把你生出来,免责!我们都没有错,有错的是你?!是你父亲母亲的错,吾儿,父母亲把你生下来,让你遭受这种不幸。

吾儿,知道那天你父亲是怎么从医院回的家吗?——对,开车。你说对了。你父亲失态了,一边开车一边哭,三十多年树立的形象,不容易啊,那一天全给毁了。你父亲一边开车一边重复这几句话:老天爷你为什么这么对我?我做错什么了?

你的姥姥双唇紧闭,一言不发,把你抱得紧紧的,就像在防着我把你扔出窗外。你的母亲没哭,她没哭不是因为比你父亲坚强——车内空间太小,只能容一个人哭。你父亲哭声刚停,你母亲就续上了,续得那么流畅自然。这就是江湖上失传已久的无缝续哭?

吾儿,到家后你父亲没有上楼,你母亲你姥姥抱你上的楼,你父亲还有几个电话要打。第一个电话打给你哈尔滨的姥爷。你出生后不久,你不负责任的父母把你扔在哈尔滨,自己在北京享乐。这两年都是姥姥姥爷带的你。你父亲要打电话跟你姥爷解释:你现在这样不是他们带得不好,你在他们手上得到了最精心照顾呵护,我要深深感谢他们。

第二个电话打给你湖南的爷爷奶奶。这事跟他们不太好说。后来发现不用怎么说,只要说个开头就可以了:你孙子将来可能是个傻子……电话那头就开始哭了。OK!电话别挂,放一边,吃完晚饭回来,再拿起电话,还在哭。电话还是别挂,放一边,吃夜宵去。

后面几个电话是打给你的大伯二伯,还有你的姑姑。他们的表现……你姑姑这个娘们跟她妈一样,两个伯父表现不错,至少没哭。

父亲的朋友圈里,你父亲第一个电话打给了你胡吗个叔叔,他是你父亲的死党。胡叔叔还没生小孩呢,吓吓他,吓他以后不敢生小孩,收你为义子,他的房子车子将来就都是你的了。

你父亲还想打电话,却发现没人可打,电话里存了200多个号码,跟谁说,怎么说——嘿,兄弟,我儿子是自闭症……嘿,姐们,你听说过自闭症吗?

那天你父亲哭得就像个娘们,花园的草看到了,你父亲可以拔掉;树也看到了,你父亲没办法,他们受《植树法》保护。杀人的心都有,却奈何不了一棵树。力拔山兮气盖世,时不利兮树不逝。

吾儿,一个人不吃饭光喝水7天不会死你知道吗?这点应该不需要你父亲验证,所以第二天你父亲就进食了。吾儿,自打从医院回来,你父亲发现家里面可以坐的地方多了。台阶上,坐;门槛上,坐;玩具车上……到哪都是屁股一坐。吾儿,你父亲做错过很多事,但最正确的就是跟你母亲结婚,你父亲未必伟大光荣正确,但你母亲确实勤劳善良勇敢。你母亲为了照顾你,果断地把工作辞了。

吾儿,你父亲只是三日沉沦,沉沦三日,他马上振作了。振作的标志就是:肆无忌惮地开玩笑了。吾儿,你父亲每天在微博上拿你开玩笑,不是讨厌你,是太爱你了。你举手投足都是可爱,你父亲胡言乱语也都是爱。希望你明白。

吾儿,你收到这封信后,我知道你会把他吃掉。你爱吃饼干,但我找遍了全世界,也没找到饼干做的纸。SORRY。所以你就别在意口感了,至少比烟头泥土好吃吧,你又不是没吃过。

信里面絮絮叨叨说了很多医院的事,那些事情忘不了,索性写出来,你吃掉,以后也就没有了。

那些都是你的过去,不是你的现在,更不是你的将来。

现在你一天比一天进步,我看在眼里乐在心里。你势头很猛啊,小朋友,不得了啊,照此发展,你八十岁的时候就可以说:其实我也是个普通人嘛。有的人八十岁未还必能达到,一个曾经的高官现在的阶下囚说:我就想做一个普通人。

呸!不经过努力没有奋斗能成为普通人吗?

你父母也是普通人，一生下来就是，到死还是，一点变化都没有，无趣。

所以虽然你最后还是沦为普通人，但你的一生比你父母有趣多了。不许骄傲。

我对你有曾经很多期待和愿望，这些期待和愿望有的冠冕堂皇上得台面，比方你成为诺贝尔奖文学奖获得者；

比方你当上省委书记；比方成为考古工作者；

比方成为哪位部长的换帖兄弟承包点工程……这些其实都是浮云，算不得什么，父母对你最大的期待和愿望：你是一个快乐的人。

这个愿望说大就大说小则小，但希望你能帮父母亲完成，我们也会尽力协助，但主要还是靠你自己。

上不了台面的愿望和期待，父亲其实更期待你实现：搞大一个女孩的肚子。

前提是：别强来，注意方式。

你父亲年轻时，情书写得才华横溢，以为会收获爱，结果只得到两个巴掌，颇意外。——你父亲后来总结出的经验可以作为家训，世代流传下去：

写给A的情书，务必装到A收的信封里，而不能是B收的那个信封。子孙后代切记！

> 但父亲这次给你写信，真情实感，句句发自肺腑，尤其没有装错信封。希望能得到你的爱。
>
> 还有，回信的时候，虽然收信地址还是我们家，收信人就是我，但我还是希望你跑一趟邮局。邮局有个女孩长得不错，追到手我给你腾房。OK？
>
> 摘自博客"犬子在，不远游"，博主：蔡春猪。http://blog.sina.com.cn/u/1499131763

推荐家长可以阅读其他自闭谱系障碍家长的网站，加入当地的家长团体；你也可以开辟一个博客或者微博记录你的儿童的成长和你们共同经历的挑战和喜怒哀乐。

另外推荐《遥远星球的孩子》，陈国富出品，台湾金钟奖导演沈可尚执导的以自闭谱系障碍为题材的公益纪录片。特别推荐其中的第三集"我是蔡杰"。

推荐《与光同行》，日本电视剧，这是一部讲述自闭症儿童生活经历的感人故事，曾获得第41届日剧学院奖最佳作品。

推荐《地球上的星星》导演：阿米尔·汗，印度电影，这是一部十分感人的关于儿童成长的印度电影，也许影片要诠释的正是：每一个孩子都是特别的。

以上推荐资源均可通过google或者百度搜索找到。

我应该怎样去跟周围的人沟通?

虽然我们的整个社会对于自闭谱系障碍的了解或者认识可能还不够深入,大众对于自闭谱系障碍的个体的包容和接纳还需要很多努力,但很多时候我们可以从身边慢慢开始,因为自闭谱系障碍的儿童很多时候在社会交往和沟通上存在障碍,他们更需要在这一方面获得支持,而一个积极友善的生活环境(包括幼儿园/学校、所生活的社区等)是非常重要的。

首先,我们需要跟配偶之外的家庭成员进行沟通,如果你和你伴侣的家庭都前来支持,他们也熟知你的担忧、儿童的评估进程,给予你支持并分享最初获悉儿童诊断后的情绪,给予安慰和劝解,那么无疑这将是儿童未来发展过程中非常重要的资源!他们是你支持系统中的强大部分,会在你逐步适应的过程中给予你帮助。告知他们想要知道的、你能够提供的所有信息。让他们给你一些帮助。让他们帮忙照看孩子。大家庭的各个成员分担的自闭谱系障碍带来的挑战越多,越能为你提供持续的关怀、支持和鼓励,越能为儿童带来恰当的积极影响,那么调整的过程也会越顺利。

然而,也有研究发现①,大家庭的各个家庭成员可能也会经历与父母相似的情感历程,或者存在一些不同的育儿观念等,而导致一些争论。他们可能情感上不想看到儿童具有的问题,当你开始接受的时候,他们会对你的看法进行否定,他们可能会告诉你:"你担心的太多了!""你的期望太高了,男孩开口说话都会迟一些,他爸爸也是3岁才开始说话呢。""你为孩子做那么多是在宠坏他。"听到这些你可能会犹疑不前,但总体来说,随着时间的推移,焦虑情绪会慢慢缓解。

其次,从最好的朋友开始,特别是和那些可能分担你的忧虑并愿意提供情感支持的人交谈。他们可能会比较容易理解你所经历的困难,而且同龄的朋友可能也有孩子,原本可以是你们的孩子的同伴,如果能获得他们的支持,这将是你能为孩子创设的一个非常好的社会交往的支持环境。你们可以一起带孩子们出去,多给予自闭谱系障碍儿童一些支持,特别如果对方是语言和认知发展较好、社会性也比较好、友善的姐姐或者哥哥,在相互游戏的时候,给予一定的支持,可以促进双方的社会发展。

第三,争取获得学校的老师和社区内比较熟悉的人的接纳。当你能接纳自己的孩子患有自闭谱系障碍,并且做出积极努力的时候,可以变被动为主动,我们很多时候会担心别人看到自己孩子"奇

---

① Su, X. Y., Long, T., Chen, L. J., & Fang, J. M. (2013). Early Intervention for Children with ASD in China: A Family Perspective", Infants and Young Children, Vol 26(2):111—125.

怪"的行为而无法理解的目光,担心别人在背后的议论,作为这个孩子的父母,我们必须坚强起来,可以告诉他们,我的孩子学习有点慢,或者直接跟周围的人解读孩子的行为,"这是他第一次做这件事,他这样是表示他很兴奋……"。如果父母觉得自己所在的社区或者学校的教师比较包容而且可以提供相应的支持,也可以开门见山地与他们谈论自闭谱系障碍。日本电视剧《与光同行》里患有自闭谱系障碍的男孩光的妈妈,就做了简单的一页宣传纸,给周围的邻居和同学,以帮助大家来理解光,学会与光进行沟通和相处。

四 目前政府对自闭谱系障碍有哪些相关的支持?

就目前来说,我国政府对于自闭谱系障碍针对性的支持相对西方一些发达国家如美国、英国等确实要薄弱一些,但近年来国家和各地方政府已经越来越重视各类特殊需要儿童的教育、安置和康复问题。部分省市也在做一些本土化的探索,比如上海市连续多年提出的医教结合,各个区在自闭谱系障碍的早期发现、早期评估、早期诊断,以及后续的早期教育干预等方面都在进行一些研究和实践。

1. 早期干预和康复支持:请到当地残联(残疾人联合会)咨询

2006年,我国将自闭症列为精神残疾,自闭症者被纳入相关的保障体系,但由于我国残疾人的社会福利和保障水平整体不高,许多自闭症者及家庭的处境仍非常艰难。但近年来很多省市残联系统都开始为自闭谱系障碍儿童提供康复和干预的经费补助,也都在努力创立建设专业的自闭谱系障碍儿童早期干预和后续的康复治疗的机构。

北京市主要根据《北京市残疾儿童少年康复补助办法》,自闭谱系障碍儿童的康复可享受补贴,16岁以下的京籍残疾儿童少年凡在社区卫生服务中心、乡镇卫生院等接受康复诊疗,每年可以获得1000元康复补助,并可免费配发生活自助类辅助器具。如果年龄在7周岁以下,康复补助标准更高;在指定康复机构接受康复训练的,可按照实际发生费用,给予每人每月最高不超过500元的补助;低保家庭残疾儿童还可获定点机构免费康复训练。此外,北京市残联、市教委联合启动了"送教上门"服务项目,自闭症孩子可在自愿的基础上,通过学校教师和大学生志愿者"家教"的形式完成学业。[1]

上海市残联的相关政策规定向包括自闭谱系障碍在内的五类0～7岁残疾儿童提供特殊康复服务,只要经过认定,儿童就可以得到残联颁发的阳光宝宝卡。自闭谱系障碍儿童在指定机构训练每年每人可以得到12000元的康复补贴。而近两年上海更是扩大了补助范围,16周岁以下符合要求的自闭谱系障碍儿童每年都可以得到一定的康复补贴。

广州市残联已经在下属的广州市残疾人康复中心创立了自闭症训练基地。基地由广州市残疾人康复中心与中山三医院儿童发育行为中心共同倡导成立,为自闭谱系障碍儿童和家庭提供专业化的多学科合作的早期干预和康复服务。

---

[1] 我国百万自闭症患儿受关注 政府给予政策支持. 新京报. http://www.liaofan9.com/news/arc/2035.html. 2010-04-02.

2. 特殊教育和促进社会融合：请到当地残联/特殊学校/特殊教育指导中心等咨询

特殊教育是指为自闭谱系障碍儿童和各类特殊需要儿童提供特别设计的课程，通过个别化的教育方法和策略来促进儿童的发展的一种教育形式。

从各个年龄段而言，我国目前自闭谱系障碍儿童入学问题上可以进行的选择有：

幼儿园阶段可以考虑去全日制教育干预机构、全日制特殊幼儿园、全日制普通幼儿园或者是将幼儿园与机构相结合。这些需要根据儿童的发展水平以及家庭的需要来决定。特别值得一提的是，目前很多特殊学校（主要是培智或者辅读学校）以及公立的早教中心也会为社区开展一些相应的早期干预服务，包括评估、个别化干预和家庭指导等。

小学和初中阶段可以考虑去特殊学校或者是进入能够接受自闭谱系障碍儿童的普通学校随班就读。需要提醒的是目前我国初中之后的学业压力会明显增大，家长一定要仔细考虑儿童能力是否能承担。

义务教育阶段结束后，目前我国对于自闭谱系障碍儿童尚无明确的安置方法，但是随着社会对自闭谱系障碍群体越来越多的关注，目前有许多组织和机构正在探索义务教育阶段以后自闭谱系障碍儿童的安置。

> 专栏 3-5

选择融合(随班就读)还是特殊学校/机构?

融合教育,在我国的形式被称为随班就读,即进入普通学校的普通班级进行学习,自闭谱系障碍儿童想要获得有效的高质量的随班就读,必须有全面的系统的高质量的支持。很多地区,比如上海市正积极促进各区推进自闭谱系障碍儿童进入普通学校随班就读的工作,但也有媒体报道自闭谱系障碍儿童在普通学校受到排斥的个案。

国外很多研究都表明,融合是一种对自闭谱系障碍儿童而言有益的教育方式,特别是在社会交往领域,对于水平比较高且问题行为比较少的自闭谱系障碍儿童而言是比较好的选择,但我国在建设随班就读的道路上还有很多工作要做,很多时候需要家长付出很多,并不断为自己的孩子寻求支持。目前特殊学校(主要是辅读学校或者培智学校)对于自闭谱系障碍儿童的特殊教育的相应的实践经验较多,而且也越来越多地强调"功能康复"与社区融合等,如果自闭谱系障碍儿童有比较多的行为问题,且很难适应普通学校的学习要求和进度,特殊学校也是一个选择,特别是后续会比较关注生活适应和职业准备。

因此家长可以根据自己儿童的情况和家庭的资源来进行选择。

3. 相关的政策和流程

家长可以联系所在地区的残联,或者特殊教育指导中心或者特殊学校,了解本区哪些学校可以招收自闭谱系障碍儿童随班就读,了解是否符合随班就读的申请条件及相应的认定流程;以及特殊学校的相关信息等。

五 给家长的建议

蜗牛牵着我去散步

上帝给我一个任务,叫我牵一只蜗牛去散步。

我不能走得太快,蜗牛已经尽力爬,每次总是挪那一点点。

我催它,我唬它,我责备它,蜗牛用抱歉的眼光看着我,仿佛说:"人家已经尽了全力!"

我拉它,我扯它,我甚至想踢它,蜗牛受了伤,它流着汗,喘着气,往前爬。

真奇怪,为什么上帝叫我牵一只蜗牛去散步?上帝啊,为什么?

天上一片安静,"唉,也许上帝去抓蜗牛了!"好吧!松手吧!反正上帝不管了,我还管什么?

任蜗牛往前爬,我在后面生闷气。

咦?我闻到花香,原来这边有个花园。我感到微风吹来,原来夜里的风这么温柔。慢着,我听到鸟声,我听到虫鸣,我看到满天的星斗多亮丽。

咦?以前怎么没有体会?

我忽然想起来,莫非是我弄错了?

原来上帝叫蜗牛牵我去散步。

这是一首自闭谱系障碍儿童的妈妈写的诗歌,里面投射出的是一种不同的视角,虽然养育一位自闭谱系障碍儿童的艰辛只有有相同经历的父母才能体会,但有的父母在这个过程中采取了积极的态度,他们最终接纳儿童的特殊性,并且对儿童怀有合理的期望,积极地采取行动,和儿童一起成长[①]。

这里小结一下几点建议:

- 立即开始行动,为儿童寻找专业的早期干预和康复;
- 家长努力学习,让自己了解专业信息,参与到家庭早期干预中;
- 寻找帮助和支持,与自己的家人和周围的人进行沟通,获取理解和支持;
- 照顾好自己,保持身体和心理的健康!

---

① 推荐阅读:陈婕著.《蜗牛牵我去散步》.北京:北京大学出版社.2013.

第四部分

如何理解早期干预

理解自闭谱系障碍和早期干预

一 什么是早期干预？多早可以开始干预？

早期干预(early intervention)，从字面来理解是指在儿童生命的早期"介入"，然后促进儿童的发展。具体而言，第一，干预的时机选择上，"越早越好"，可能可以早到"怀孕前"，针对一些可能存在的风险就要进行干预，一般狭义的早期干预指的是0～3岁期间为特殊婴幼儿提供的各种服务的整合，广义来说，则可以是孕期直到学前的幼儿期(有的法律会规定直到8岁)。第二，早期干预的对象，除了确定有缺陷和障碍的婴幼儿，还包括可能存在发展风险的婴幼儿，包括出生时低体重(低于2500g)、难产、早产(孕期不到32周)、营养不良、贫穷等风险因素，同时由于家庭是特殊婴幼儿的主要照料者，早期干预的对象应该是围绕特殊婴幼儿及其家庭进行的。第三，干预目标，普遍的早期干预的目标是，预防缺陷或改善现存的残障，以促进特殊幼儿在生理、认知、语言、社会情绪或自我照料技能等方面的发展。第四，干预内容，早期干预应结合医疗、教育与社会福利，以对特殊幼儿提供个别化发展、教育与治疗，并对其家庭提供必要的支持，是所有的持续和系统化的专业团队服务的综合。

本丛书中理解的早期干预,针对自闭谱系障碍儿童的特点,我们认为对于自闭谱系障碍儿童的早期干预由以下几个要点构成:

第一,越早开始,预后越好。自闭谱系障碍儿童没有明显的生理缺陷,但正如在第一部分中问题1和问题2中我们讨论的那样,自闭谱系障碍可以在比较早的时间被"发现",一旦发现自己的儿童发展上存在一些"特殊",在寻找医学诊断和治疗的同时,也要立刻开始干预,很多研究都发现0~3岁是儿童发展的关键期。

第二,家长要寻找并建立一个儿童的资源圈,在为儿童积极寻找各种干预的机会的同时,家长要进行有效的自我调节和自我支持,学会与家人、朋友、教师等与儿童有密切联系的人的沟通,寻找各种有利于儿童的早期干预可以持久地有效地坚持下去的资源。

第三,对于自闭谱系儿童的早期干预,目标应该是为儿童创设有意义的机会和经验,使得儿童可以学习并保持各种能力和技能,特别是社会交往能力和沟通能力,尽最大可能地学会自我照料,并能促进儿童融入社区和社会生活。

第四,自闭谱系障碍儿童可能存在一些共病(同时伴有其他障碍),比如注意力缺陷、多动、感知觉损伤、智力障碍、运动失调等问题,因此需要寻求多学科的共同协作,医学、心理学、教育学等团队要为儿童及其家庭提供持续的系统化的服务,而家长需要了解到自闭谱系障碍儿童的早期干预是一个系统工程,关注的内容要根据每个儿童的个体差异来制定。

> 专栏4-1

关注"儿童的未来"的早期干预

家长和早期干预教师都需要注意的是,为了更好地面对自闭谱系障碍儿童在义务教育阶段后的学习和生活安排,可以在儿童更小一些的时候,如学龄前就开始培养自闭谱系障碍儿童的一些兴趣和休闲能力。因此早期干预不仅要关注儿童的现状,在设计干预内容和目标的时候要考虑得稍微长远些,要关注未来儿童独立或者尽可能独立所需要的技能。

比如有些儿童可能兴趣点或在某方面能力比较突出,如音乐、绘画、体育等,则可以着重培养他们这方面的能力。有些儿童可能各方面能力不是特别明显也没有突出的兴趣,那么这个时候家长就需要不断尝试来找到儿童比较喜欢和能做好的一些事。家长在尝试发现儿童兴趣的时候也可参考儿童对哪方面的刺激比较敏感,如有的儿童可能比较排斥大的声音,可能就不适合学习敲鼓等噪音较大的项目;而有的儿童比较多动,需要感觉刺激,就可带儿童参加一些体操方面的学习。如果实在没有发现儿童有特别喜欢的东西,家长可以尝试培养儿童看杂志、看报、养花、听歌等休闲娱乐的技能。这对于帮助那些可能无法走上工作岗位的儿童打发义务教育阶段结束后的时间具有十分重要的意义。

早期干预对于自闭谱系障碍儿童有什么意义?

自闭谱系障碍儿童的教育和干预一直是一个难点。正如第一部分讨论的那样,自闭谱系障碍儿童产生的原因尚不明确,而目前研究者和相关的实践经验达成比较一致的观点是:越早干预,预后越好。因此都非常强调自闭谱系障碍儿童的早期发现和早期干预。那么早期干预究竟对于自闭谱系障碍儿童有什么用呢?

1. "最佳成果"——摘掉"自闭谱系障碍"的诊断帽子!

2013年的一项研究发现[1],有效的早期干预确实能让一部分原本被诊断为自闭谱系障碍的儿童在后来摘掉这一诊断帽子,在普通教育环境内与其他典型发展儿童一样学习,并且能顺利地适应学习和生活。虽然我们还不能说自闭谱系障碍可以被治愈,因为他们可能还是会存在一些特殊的需要,但这项研究发现,项目中三十多位儿童可以无需特殊教育支持和服务,在普通教育环境内像他们的同

---

[1] Fein, D., Barton, M., Eigsti, I.-M., Kelley, E., Naigles, L., Schultz, R. T., Stevens, M., Helt, M., Orinstein, A., Rosenthal, M., Troyb, E. and Tyson, K. (2013), Optimal Outcome in Individuals with a History of Autism. Journal of Child Psychology and Psychiatry, 54: 195—205.

伴一样学习和生活。

2. 改善行为，改变大脑发展

一项在美国开展的脑成像研究发现[①]，早期干预不仅会改善儿童的行为，还会进一步引发脑部的变化，这是因为大脑在早期发展时非常灵活，并且可以被学习经验塑造。当学习发生时，脑细胞间的联结就形成了！而早期干预恰恰为自闭谱系障碍儿童提供了这样的学习机会和经验。这也就意味着早期干预是有效的，可以改善大脑的功能并促进儿童的发展。

3. 促进儿童各个领域的功能发展

有的研究发现，经过密集系统的早期干预，儿童可能会有以下几个方面的改善：认知和语言能力、社会交往、接受行为等。

虽然研究显示越早开始干预，儿童的发展越好，但你也不必担心，如果你的孩子没有在 2～3 岁前就开始干预，因为大脑的可塑性和大脑的发展都是十分神奇的，只要我们开始为儿童提供有益的经验和学习机会，儿童就会获得发展！

[①] Avery C. Voos, Kevin A. Pelphrey, Jonathan Tirrell, Danielle Z. Bolling, Brent Vander Wyk, Martha D. Kaiser, James C. McPartland, Fred R. Volkmar, Pamela Ventola. (2013). Neural Mechanisms of Improvements in Social Motivation After Pivotal Response Treatment: Two Case Studies. Journal of Autism and Developmental Disorders, Volume 43, Issue 1, pp.1—10.

> 专栏4-1

早期干预的意义和作用[①]问答篇

- 早期干预可以治愈自闭谱系障碍吗?——不能!
- 早期干预可以永久地提高儿童的智商分数吗?——不能!
- 早期干预可以改善儿童的适应行为吗?——是的!当然可以!
- 早期干预可以促进儿童的自我照料能力吗?——是的!
- 早期干预可以提升儿童日后在学校的功能吗?——是的!现在我们强调的就是功能!
- 早期干预可以有助于家庭功能的提升吗?——是的!

[①] R. A. McWilliam. (2010). Routines-based Early Intervention. Paul. H. Brookes Publishing Co. P. 3.

理解自闭谱系障碍和早期干预

三 家长可以进行早期干预吗?

在众多关于早期干预是否有效的研究中有一个共同的发现是,如果家长在家中学习使用那些专业干预者在早期干预时使用的策略,儿童的发展结果会更好!

因为家长比任何其他人更了解儿童;他们很愿意去帮助儿童;他们和儿童一起的时间比其他人都长。除了儿童接受的其他干预,通过使用具体教学策略支持儿童的家长为他们的孩子每天增加了更多的学习经验。这能帮助儿童学到更多!

研究已经表明家长介入的干预能够提高儿童的言语和非言语能力和游戏技能,能够改善家长和儿童间的关系。不同的研究表明家长进行干预能够增加儿童的沟通和游戏技能,并且能够增加家长和儿童互动时成功和欢乐的体验。当家长学会了在家中使用干预策略时,自闭谱系障碍个体更有可能记住并使用教师或者专业干预者教授的技能。此外,使用干预策略的家长报告说感觉更快乐,压力更小并感到更乐观。

另外在我们国家,目前的现状是,自闭谱系障碍的干预中,大部分的首要干预实施者是家长,有的研究发现甚至达到96%的早期干预是母亲承担了首要干预实施者的角色[1],因此,在缺乏足够的专业机构和多学科的专家团队支持的现状下,作为家长不得不自己学习并成为"专业"的干预者,当然这并不是说我们不再去寻求专业支持和服务,而是在等待的过程中和机构干预进行的过程中,我们可以做更多的努力来帮助我们的孩子。

对于家长来说,自闭谱系障碍儿童早期干预中需要一些关键技术,可能在家长没有进行专业学习或者培训之前,就会运用,只是在学习后,家长会更加有意识地更多地来运用这些策略帮助他们的孩子学习!这些策略包括:

- 在儿童和他们自己之间创造有趣的和满意的交流。
- 通过强调儿童早期发出的声音的社会意义,帮助儿童语言的发展。
- 增加儿童的非言语沟通和模仿技能。
- 发展儿童对多种玩具的兴趣和进行社会玩具游戏的技能。

家长可以在日常活动和自然环境中使用干预策略,帮助儿童参与、沟通和学习,这样可以最大化地优化儿童的学习成果。家长可以在玩耍时,洗澡时,就餐时——和儿童在一起的任何时间,使用这些策略。通过夸大他们的动作和语言并提供适当的玩具,家长可以

---

[1] Su, X. Y., Long, T., Chen, L. J., & Fang, J. M. (2013). Early Intervention for Children with ASD in China: A Family Perspective", Infants and Young Children, Vol 26(2):111—125.

把儿童的注意力吸引到重要的学习机会上面来帮助自闭谱系障碍儿童学习,这就称为脚手架(scaffolding),详见专栏 4-2。

我们的干预教师和专业人员也要关注家长的参与,特别是要在干预过程中关注针对家长的培训工作,"授人以鱼"不如"授人以渔",关注如何让家长有更专业的技能,更持久的信念,更好地促进各方的合作,一起来促进儿童的发展。

> 专栏4-2
>
> **什么是儿童学习中的脚手架?**
>
> 　　脚手架,也被翻译为鹰架或者支架,最初这个概念是由认知心理学家布鲁纳(Jerome Bruner)在描述儿童的口语获得时提出的,同时与这个概念密切相关的还有维果斯基的"最近发展区"(zone of proximal development)理论,一般是指成人为年幼的学习者提供支持,虽然维果斯基从未使用脚手架的概念,但他的理论强调了社会互动,以及成人基于儿童的"最近发展区"提供相应的支持来促进儿童学习和发展。
>
> 　　儿童在成人的支持下或者互动过程中掌握某项技能后,脚手架可以慢慢撤出,而儿童可能就慢慢学会独立地运用该技能。脚手架的一些核心要素是:可预见性(成人和儿童都可以预期接

下来发生什么或者做什么)、趣味性(儿童要愿意参与,觉得好玩)、关注意义(学习活动对于儿童的发展有意义)、角色互换(注重社会互动等)和示范(成人可以通过动作或者言语进行示范)等。

四 怎样进行早期干预?

基于前面的篇幅中对于儿童和自闭谱系障碍的讨论,以及本部分中界定的早期干预的内涵,目前对于"怎样进行有效的早期干预"这一问题的探索,大家比较认同的一些"基于实证的实践"(evidence-based practice)原则,包括:

- 创造充满关怀的,有助学习的环境。
- 成人引导和儿童引导的平衡。
- 干预以完成有意义的目标为导向。
- 通过过程性评估检测儿童的进步。
- 发展并维持家庭为中心、具有文化敏感度的关系。

专栏 4-4 列出了一个有效的早期干预项目或者方案进行评价的标准,以供家长或者项目/机构的管理者进行参考。

具体操作层面,如何进行早期干预?目前最新的一些研究和实践的趋势是"自然环境"和"家庭为中心",非常强调学习的环境应该是儿童每天的生活中自然的环境,干预的时间安排应该结合儿童的日常生活,但这对于在机构或者幼儿园中进行早期干预却是一件"说起来比做要容易的"事情,存在很多挑战和困难,但如何实现"自然环境"以及"家庭为中心"还是值得我们的教师和家长去思考的。

由于自闭谱系障碍儿童的学习特点,为儿童构建适当的"脚手架"非常关键。当成人在某个学习机会中协助儿童时,可以根据需要增加或者降低刺激,放慢或者简化他们的语言等,这样儿童可以更有效地学习,具体可参照以下几方面。

- 在儿童所在的环境中把儿童的注意力吸引到"人"身上;
- 使社会游戏更有趣,并有意义;
- 教授儿童学习的基本技能,包括:
  - ✓ 注意他人的面孔、声音和动作;
  - ✓ 模仿他人;
  - ✓ 使用自己的声音和肢体进行沟通;
  - ✓ 和他人分享情感、需要和兴趣;
  - ✓ 理解别人的沟通对他自己有意义;
  - ✓ 用典型的方式玩玩具;
  - ✓ 学习使用并理解言语;
  - ✓ 减少妨碍学习的行为。

在儿童早期,当我们使用对了策略,在儿童的大脑可以极速发展的时候,我们会看到儿童的发展和进步。另外作为一个有效的干预者,我们还需要具备一些特定的素质,需要不断地反思和练习,提升干预能力(详见专栏4-4)。

> 专栏4-3

有效的早期干预项目/方案的标准[①]

- 干预开始得越早越好。

- 为儿童制定的学习活动是符合儿童的发展水平的,并且是有重点和具有一定的挑战度的,每周至少要25小时,并至少持续12个月。

- 小班制,确保每个儿童能与教师/干预者有一对一的学习时间,以及参与小组的学习活动。

- 为家长和家庭提供特别的培训。

- 鼓励安排有典型发展儿童一起参与的活动,只要此类活动能有助于满足特定的学习目标。

- 需要对每一个儿童的发展进行评估和记录,需要时及时对干预方案进行调整。

- 创设一个高度结构化的环境、提供日程安排、视觉线索等,比如将活动安排表和明确的规则等张贴出来,以减少干扰行为。

- 引导儿童将多学的技能运用到新的情境里,并保持已经习得的技能。

[①] Myers SM, Johnson CP. Management of children with autism spectrum disorders. *Pediatrics*, 2007 Nov;120(5):1162—82.

- 课程应该关注以下领域：

  ✓ 沟通与语言；

  ✓ 社会技能：比如共同注意（看其他人以引起对方对一个有趣的事物的兴趣或者分享兴趣）；

  ✓ 自我照料和日常生活技能，比如穿衣、吃饭等；

  ✓ 基于实证的方法来减少干扰行为，比如攻击性行为和发脾气等；

  ✓ 认知技能：比如装扮游戏或者能理解别人的看法；

  ✓ 一般入学准备技能：比如认识字母和数数等。

> **专栏4-4**
>
> ### 我准备好了吗？——做一名有效的干预者

- 回应

"回应"译为英文是"responsive"，这一单词也有"有责任的"之意。我们时常说要做一个有责任的父母，但汉语中的责任包含着沉沉的"负担感"，英文"responsive"原意传达的却是"了解对方的需要并给出恰当的回应"的意义。做一个有责任的父母或者一名有效的干预者，第一条标准是是否具备回应的能力。首先要能非常快速地理解儿童的行为里所传递的信息，"饿了"还是"哪里不舒服了"，他需要什么，然后能及时给出恰当的回应，当然还包括情感和社会性方面的回应，回应儿童的情感需求。在干预的时候，进行游戏的时候，能根据儿童的表现，及时给出相应的反应，比如模仿儿童的行为、延伸儿童的语言等。

● 灵活

我们都知道自闭谱系障碍儿童很多时候会对环境和日常活动的安排有"固执"的要求，我们需要理解并给予支持，而在干预时，儿童可能又会出现很多意想不到的反应，因此要做一个敏感和灵活的人，跟随儿童的引导，同时要有创造性地给儿童提供"脚手架"，帮助他们发展相应的技能。另外灵活还意味着我们要对早期干预的安排等采取一种开放的态度，要根据儿童的需要和特征、家庭的资源等提供个别化的服务。

● 反思

很多时候，干预的安排和方案不是一成不变的，儿童的发展也不是一成不变地按照我们的设定来进行的，我们需要不断地进行评估和记录（录像是一种很有效的方式），对儿童的发展和我们采用的干预方法和内容进行反思。另外在与儿童相处的过程中，有的时候，我们也会有情绪或者压力，会做出不那么适当的回应,我们需要及时反思我们的行为给儿童带来的影响,及时进行调整。

- 坚持

有效的自闭谱系障碍的早期干预的一个重要的前提条件是坚持,我们说的是至少12个月以上,每周都要坚持25个小时以上的干预,因此家长的参与至关重要。我们需要合作和相互支持。很多时候,我们也要做好准备,这将是一场与自闭谱系障碍进行的终生的"战斗"。在开始的时候,可能某种干预方法的效果不那么明显,我们还是需要坚持干预下去,可以尝试不同的方法,但绝对不能放弃希望,要始终相信我们的儿童会成长和发展!

五 如何在自然环境内进行早期干预

很多家长会觉得自己没有专业技能来进行早期干预,甚至很多教师也会觉得自己缺乏特殊教育或者早期干预的专业知识和方法,其实这里特别想强调的一点是,自闭谱系障碍儿童首先是儿童,很多时候,一个典型发展儿童发展所需要的各种积极的养育观念和方式对于自闭谱系障碍儿童也是适用的,他们有特殊性,但两者间的共性更多。

在儿童早期,我们都需要为儿童提供丰富的环境,包括心理环境和物理环境,让儿童形成安全感,乐于探索周围的世界,与周围的世界(包括物品和人)进行各种互动,家长和教师能做的是,为儿童提供丰富有趣的学习机会,让我们的儿童获得各种不同的学习经验,然后慢慢成长。

自闭谱系障碍儿童的早期干预,更多的是对环境进行一个创设,用一些策略来为儿童的学习提供"脚手架"。接下来我们将如何进行早期干预分解成几块重要的内容来简要论述。因为很多时候,说总是比做要容易很多,更多的还是需要家长和教师保持一个积极的信念，相信自己有能力去进行干预，也相信自己的儿童有能力去学习！

1. 自然环境是什么？为什么要在自然环境内进行早期干预？

"自然环境"(natural environments)这个词来源于美国关于特殊教育的联邦级立法《障碍者教育法》(*Individuals with Disability Education Act*，IDEA)。该法规定"早期干预服务应该最大限度地在自然环境中提供，自然环境包括那些没有障碍的儿童可参与各项活动的情境，包括家庭、社区等。"(Sec. 303.12)"自然环境是指那些对于无障碍的同龄的同伴而言是自然或者正常的情境。"(Sec. 303.18)

这其实也是国际上早期干预领域被实践证实非常关键的一个要素，因为所有的婴幼儿都喜欢熟悉的环境，有熟悉的人和物的时候，他们会表现得最好，因此对于特殊婴幼儿来讲，这样的自然环境是针对他们的早期干预的必不可少的组成部分。

自然环境不仅仅是指一个地方，也不仅仅是指人或者物品。很多家长或者教师会问，究竟在早期干预中，这个自然环境是指什么呢？它其实是任何可以让儿童成长的情境，儿童与家人一起生活、学习和游戏的情境，可以包括：

(1) 场所，比如家、操场、工作的地方、托儿所、早教中心、亲戚或者朋友的家，也可以是公园、超市和图书馆等。

(2) 物品，可以是在儿童的物理环境里可以找到的任何物品——玩具、路边的小石头、书、秋千、草地上的草、小勺子、餐椅，或者是儿童最喜欢的奥迪车的标志。

(3) 人，包括父母、兄弟姐妹、亲戚、朋友、邻居、教师或者任何儿童会接触到或可能会进行互动的人。

(4) 活动，包括任何可能引起儿童和家庭的兴趣，融入他们的生活和日常安排的活动，可以是日常的活动，比如吃饭、洗澡、穿衣等；也可以是休闲娱乐活动，比如游戏、阅读、散步、野营、游泳、去游乐场或者操场玩等；可以是一些参与到社区生活的活动，比如去听一个早教讲座，去参加节日晚会、游园会，去超市购物，或者尝试一下不同的公交工具（坐坐公共汽车）等。

那为什么自然环境对于自闭谱系障碍儿童的早期干预很重要呢？因为自然环境使得儿童的每天生活的每一个时刻都变成了融合和学习新技能的学习机会！而儿童只有在玩他们有兴趣的物品或者参与到一个活动中的时候，他们才学得最好！自然环境也为自闭谱系障碍儿童提供了一个向其他同伴示范各种行为和各种技能的机会。自然环境也让儿童和家庭可以自然地学习和练习新的技能，然后看究竟哪种方式行得通。

2. 让我们先看看儿童的"发展生态图"。

在了解了自然环境的重要性后，我们在开始早期干预前，在儿童的评估过程中，相当重要的一个内容是对儿童进行一个"发展生态学"的评估,了解儿童发展过程中对儿童会产生影响的各个因素。一般而言,儿童是中心,然后是与儿童密切联系的家长、兄弟姐妹;再接下来是学校(包括教师和同伴)、社区(邻居和朋友等、医院系统);再往外的是社会的文化价值观、法律政策以及大众媒体等。每一个儿童的"发展生态图"都会不同(见图 4-1),家长可以自己来画一下自己的孩子的发展生态图,而教师可以询问家长,因为这样的评估有助于我们了解儿童发展和家庭所能获得的各种资源和支持来源。

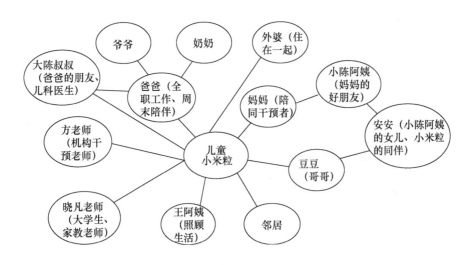

图 4-1 "小米粒"的发展生态图

3. 我们需要了解儿童——评估是一个过程!

自闭谱系障碍之所以运用谱系这个词来取代原来的分类,是因为这一障碍的一个重要特征就是个体差异很大,而个体差异其实包括了个体间差异,就是一个儿童与另外一个儿童的差异,还包括了个体内差异,也就是一个儿童自己的各个发展领域之间发展的差异,因此没有任何一种早期干预方案或者方法是普适于每个自闭谱系障碍儿童的。有效的干预都必须建立在对儿童的详细的评估的基础上。传统的标准化量表可以为我们提供一定的信息,但目前更强调的是生态学评估和真实性评估。通过对家庭的访谈、对儿童行为的观察等,并与一些量表的结合,来对儿童进行一个全面的评估是非常重要的,而且要在整个早期干预过程中进行持续的评估。

表 4-1 日常活动表可以作为观察的一个参考,家长和教师都可以根据实际情况进行调整作为观察记录的参照。在第五部分我们会结合案例来分析。

还有一点非常关键,是我们要通过一些活动来弄清楚孩子喜欢什么。我们可以在不同的活动类型中去了解孩子,包括[1]:

(1) 玩具或者其他玩的物品

(2) 社会扮演

(3) 食物

(4) 照料(洗澡/换尿布/穿衣/就寝)

(5) 阅读活动

(6) 家务活

下面是一些用来了解孩子感兴趣或者关注的事物的建议:

---

[1] Rogers, S. J., Dawson, G., & Vismara, L. A. (2012). An Early Start for your child with Autism. NY: The Guilford Press.

（1）在上述六项活动类型中，注意孩子感兴趣或者关注的那一项。每一项，制作一个清单，该清单包括材料、玩具、体育游戏等孩子可能想获得或者喜欢的物品。如果孩子并没有在自然状态中表现出关注或者感兴趣的物品或者活动，那先放置一些材料或者玩具，鼓励孩子去操作或者玩，以发现孩子可能喜欢的事物。

（2）其次，通过观察孩子在参与活动时的表现，回答以下问题。对于每一项活动：

① 孩子会搜寻哪些物品或者活动？

② 孩子愿意去看、抓，或者拥有哪些物品？

③ 哪些活动会让孩子想向我或者其他家庭成员寻求帮助？

④ 哪些项目会让孩子开心或笑？

⑤ 当孩子悲伤或者兴奋、暴躁时，哪些项目会让他平静下来？

（3）如果孩子对于传统的游戏项目没有多大兴趣，那么尝试去关注孩子其他的日常活动的反应。有一些儿童不会去接近任何事情、任何人或者没有指导的话不会玩任何物品。这有可能发生，但是十分少。如果孩子独自一人离开，那他会走向哪里？还是逃离什么？当孩子摸或者握住或者看一些事物时，这些事物是什么呢？当你和孩子玩身体游戏时，不管是挠痒、拥抱、挤压、围圈，还是其他活动，你孩子的反应是什么？他是不是很享受呢？

（4）有时，孩子所喜欢的物品，或者是一些习惯的刻板、限制性行为并不与他们的年龄相符合。

例如,26个月的小志整天把电视遥控器握在手里。他会站在电视跟前或者躺在沙发上看电视或者一直更换频道。只要他醒着就会待在电视机前。如果想要从他手里拿走遥控器,他就会大发雷霆。

(5)尽管孩子的兴趣不太符合常规,但也是他们的兴趣,你可以把这些加到列表上面。很少有儿童会不喜欢任何的物品或者活动。即便是有的孩子对很多物品都没有兴趣,我们也可以创造一些社会游戏,或者建立孩子玩玩具的兴趣。

4. 一起看看早期干预环境的创设。

对于自闭谱系障碍儿童而言,环境的创设非常重要,他们大部分是视觉学习者,也就是说他们的视觉加工有优势(也有少部分儿童听觉也很有优势),另外他们的注意力很容易分散,因此在最初开始干预的时候,早期干预环境的创设有这样一些原则[①]:

(1)安排可以预知的例程(日程安排)。

自闭谱系障碍儿童对于惯常(一般日常安排的规律)有比较高的要求,其实也是因为他们需要一种心理上的安全感,如果突然发生一件事情或者到一个全新的环境,他们时常会无法处理。如果安排一个儿童可以预知的例程,可以帮助儿童了解接下来要发生或者要做的事情,这样会减少儿童的焦虑、挫败感,并增进和成人

[①] Brooke Ingersoll & Anna Dvortcsak 著.郑铮译(2012).《自闭症儿童社交游戏训练》.中国轻工业出版社.

的互动。例如,设法确保每天在相同的时间做主要的例程,比如起床、进餐、休息、洗澡和上床睡觉,同时设法每次用相同的方式来做每件事情,比如上床睡觉:刷牙、换睡衣、讲故事(读故事书),准备好睡觉。游戏的时候,也可以安排一些惯常,比如轮流玩等,也可以安排一个相对固定的时间作为游戏时间。当然,我们并不是说自闭谱系障碍儿童的日常生活必须完全固定,适当情况下,如果儿童可以接受,我们可以慢慢加入一些变化,同时当必须做一件不同的事情时,比如旅行,或者去看医生,建议在平时的干预或者游戏里我们可以实现通过模拟或者社会故事的绘本为儿童讲解,帮助他们预知可能要发生的事情。

(2)限制令人分心的事物。

关键是要确保儿童在这个环境的时候,成人是最具有吸引力的。可以考虑限制环境中可能会引发噪音(可能是很小的声音,但有时对于自闭谱系障碍儿童来说会是噪音)、嗅觉、视觉以及其他感觉的事物,增强儿童对于成人的注意力。比如关掉电视、把灯光调暗,从而减少儿童分心,并且在最初游戏的时候,确保儿童面前只有少数有用的玩具。这些应该在儿童进入房间前就做好准备。有的时候,如果儿童特别容易被玩具或者其他声音干扰,可以把多出来的玩具收好(放在一个布袋里,或者盒子里),一次只拿一个玩具,并在游戏结束时把玩具拿走,帮助孩子关注成人。

(3) 设置一个专门的游戏/活动空间。

康复机构基本都会有一对一的游戏空间,以及其他功能的房间,包括集体小组教学、感知觉运动等活动的房间,而在家里,家长也应该为儿童设置一个房间或者一个空间特别作为家长和儿童的游戏场所。这个空间应该有一些边界,以便让儿童保持和家长在一起,可以用家具来分隔出一个较小的私密些的空间。有时候家长也可以尝试下面这些空间,比如浴缸、餐桌下面(盖上毯子)等。

(4) 轮换玩具。

很多自闭谱系障碍儿童可能会对一个玩具的兴趣只维持几天或者几个星期,如果父母接着买更多的新玩具以设法让孩子继续参与,这种做法非常浪费,而且过多的玩具也会让儿童分心。因此可以通过轮换,来保持儿童的兴趣,可以把儿童的玩具分成几组,一次只用一组玩具,一旦儿童失去兴趣,可以收起来,换另一组玩具。这样当玩具2~3周轮换一次,并不断让儿童深入地去玩这些玩具,了解如何玩,让儿童的兴趣趋向最大。另外也有很多自闭谱系障碍儿童会特别热衷于某个玩具或者某类玩具,建议将这些玩具分别纳入不同的玩具组,在游戏的时候,用来吸引儿童的注意力,或者促进儿童与家长的互动。

5. 一起看看怎样可以促进早期干预的有效性。[①]

有效的早期干预需要很多因素共同作用,但无论如何,只要我们努力想办法改善儿童的环境,为儿童提供更多的学习机会,儿童就会获得发展的经验,不断成长,第五部分会结合案例来具体分析。这里列出了一些比较关键的要素:

(1) 与家庭合作,制定合理的干预目标。

干预目标的制定,必须基于对于儿童的全面了解,在综合系统的评估基础上,考虑到家庭的资源还有家长最关心和担忧的问题,最好能大家一起来讨论制定,这个目标要符合儿童的发展水平。

(2) 基于儿童的优势,基于家庭的优势。

现代早期干预很少用缺陷补偿作为目标,越来越强调基于儿童的优势、儿童的兴趣,特别是婴幼儿阶段,有些能力比如运动/感知觉缺陷可能需要进行专业的康复训练来补偿,但由于自闭谱系障碍的其他核心缺陷,包括沟通、社会交往和刻板行为等则需要环境的支持,改善儿童的功能。

(3) 任务明确,回馈要具体有针对性。

干预总目标需要进行分解,每周或者每个活动要儿童习得的技能或者达成的目标要比较明确,一旦儿童能尝试或者接近目标,就要给予鼓励,并用清晰的语言或者肢体语言辅助让儿童明白成人对他

[①] Woods, J. (2008, March 25). Providing Early Intervention Services in Natural Environments. The ASHA Leader.

的期望。包括给予家长的培训指导也是,回馈内容要具体和有针对性。

(4) 成功体验非常重要!

我们都需要成功体验,不论是儿童,还是成人。有成功体验,才能让我们觉得我们是可以的,可以掌控周围的世界。这种感觉非常重要,会让我们不断地去努力和尝试。这种感觉也有助于儿童的情绪保持积极状态,形成良好的自我概念。

表 4-1 日常活动表

请列出你和孩子有规律的日常事务,并在最后一栏注明孩子对于这些日常事务是喜欢的、忍受的还是抗拒的。

	时间	长度	简要说明	孩子如何反应?
起床				
洗漱				
进餐				
上厕所/换尿布				
精细动作游戏(比如玩玩具、美术、感知—动作游戏)				
大动作游戏(比如打闹游戏、追逐、户外游戏)				
唱歌或者其他社交活动				

续表

	时间	长度	简要说明	孩子如何反应？
讲故事				
洗澡				
就寝时间				
其他（比如玩电脑/ipad、看电视、去公园、和兄弟姐妹或其他照料者一起玩）				

参考来源：Brooke Ingersoll & Anna Dvortcsak.2012.自闭证儿童社交游戏训练[M].郑铮译.北京：中国轻工业出版社.

第五部分

如何运用本丛书来进行早期干预

如何 理解自闭谱系障碍和早期干预

一 本丛书是怎样设计和编写的？

1. 为什么有这样几本书来组成本套丛书？

儿童发展心理学将儿童发展的五个主要领域界定为：语言、认知、运动（精细运动、粗大运动）、自我照料/适应、社会/情绪。当然儿童的发展是一个复杂的动态的过程，正如自闭谱系障碍儿童的早期干预也应该是一个系统的动态的过程。在干预活动中某个活动可能会涉及儿童发展的多个领域，但在编写的过程中，为了便于我们去认识儿童和在实际操作中运用，我们也依照这些领域对我们期望自闭谱系障碍儿童能掌握的能力进行了分类呈现。

我们也考虑到了自闭谱系障碍儿童发展的特殊性，比如：语言领域，我们采用了沟通的概念，更强调的是运用各种方式（包括口语、手势、图片，或者实物等）进行沟通的能力；运动领域，我们将之与感知结合，因为研究发现很多自闭谱系障碍儿童可能存在感知觉加工异常；社会/情绪领域，我们更多地关注儿童的社会交往能力，该能力也是自闭谱系障碍儿童的一个核心缺陷；自我照料和认知领域结合自闭谱系障碍的特征进行了编写。当然自闭谱系障碍儿童还有其他值得关注的领域，比如行为干预，也有很多专业书籍对这个问题进行了深入的讨论，如果家长和教师有特别的需要可以参照资源推荐中的书目。另外在本丛书内，我们认为随着自闭谱系障碍儿童的沟通、社会交往等能力的改善和提升，当他们可以与人沟通、表达自己的情感和需求，很多行为也会随着减少，而其他一些刻板行为，我们基于对于"神经多样性运动"的理解，我们并不把它们作为专门的干预目标，但家长可以参阅第六部分中的相关的行为干预的专业书籍。

同时，我们还特别强调了游戏的重要性，这也是本套丛书的一个关注点和特色。儿童是通过游戏来学习的，游戏是儿童天然的学习方式，而很多自闭谱系障碍儿童在游戏领域存在困难，而儿童在游戏中体现了儿童发展的其他各个领域的能力和水平。比如玩吹泡泡，需要儿童的运动技能（嘴巴吹气，手眼协调等），还需要儿童具备基础的认知和一定的口语理解能力（吹泡泡、抓住那个泡泡），儿童还需要一定的社会交往的技能（等待、轮流、分享等）。我们认为的早期干预应该是在自然环境内通过活动，特别是游戏来进行的，因为游戏是有趣的，自发的，儿童在游戏中可以学习，会乐于在游戏中学习，因此我们专门以游戏为中心分册编写了自闭谱系障碍儿童的游戏能力的干预。

当然我们还需要跟读者分享最基本的一些关于自闭谱系障碍、儿童发展和早期干预的知识、原则和理念，因此本册书是概论性的，帮助我们更科学地认识自闭谱系障碍和早期干预，并且强调了家长在早期干预中的作用。整套丛书的结构可以参考图 5-1。

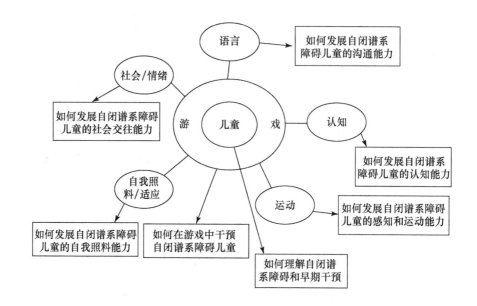

图 5-1 本丛书的理论架构和结构图

2. 如何来理解每本书的结构和内容?

本套丛书中的第一册《如何理解自闭谱系障碍和早期干预》(苏雪云)的结构与其他各册不同,主要是从整体上给出理解自闭谱系障碍儿童和开展早期干预的一些指南,特别是整合运用其他分册的一些操作建议,包括最新的关于自闭谱系障碍的进展、家长心态调整、如何开展早期干预等;并在最后一部分用案例来示范如何运用本套丛书辅助进行自闭谱系障碍儿童的早期干预。

其他各分册,都分别从三个方面进行写作:

(1) 第一部分"一起来了解儿童的 ＊ ＊ 能力",是本领域内的基础知识和干预的原则,以及最新的"基于实证基础的"实践和经验的介绍。

(2) 第二部分"看看你的孩子的发展水平",是结合儿童发展里程碑给予干预者一定的评估依据,让家长和教师可以参考来通过观察来了解儿童大致的发展水平。这部分一般以表格形式呈现不同年龄阶段儿童在特定领域的能力和表现水平,如果儿童达到相应的阶段的水平,可以选择表中推荐的游戏或者活动进行加强,或者干预者可以提供"脚手架",开始下一个阶段的能力的干预。

(3) 第三部分"让我们一起来促进儿童的＊＊能力发展",是在本领域内按照儿童的发展水平分别给出的一些游戏或者活动的方案,这部分的结构和每部分的意图分析详见图5-2。

3. 如何运用本套丛书?

本丛书目前包括:

《如何理解自闭谱系障碍和早期干预》(苏雪云)

《如何在游戏中干预自闭谱系障碍儿童》(朱瑞、周念丽)

《如何发展自闭谱系障碍儿童的沟通能力》(朱晓晨、苏雪云)

《如何发展自闭谱系障碍儿童的社会交往能力》(吕梦、杨广学)

《如何发展自闭谱系障碍儿童的自我照料能力》(倪萍萍、周波)

《如何发展自闭谱系障碍儿童的感知和运动能力》(韩文娟、徐芳、王和平)

《如何发展自闭谱系障碍儿童的认知能力》(潘前前、杨福义)

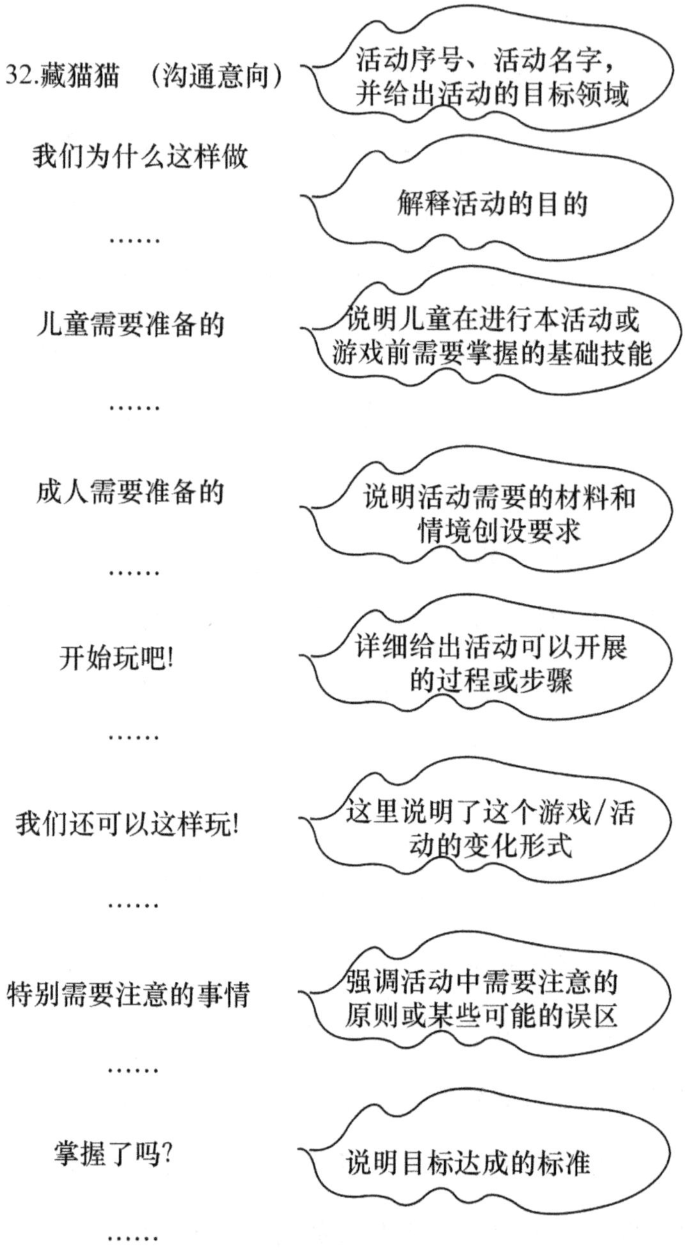

32.藏猫猫 （沟通意向） ⟵ 活动序号、活动名字，并给出活动的目标领域

我们为什么这样做 ⟵ 解释活动的目的

……

儿童需要准备的 ⟵ 说明儿童在进行本活动或游戏前需要掌握的基础技能

……

成人需要准备的 ⟵ 说明活动需要的材料和情境创设要求

……

开始玩吧！ ⟵ 详细给出活动可以开展的过程或步骤

……

我们还可以这样玩！ ⟵ 这里说明了这个游戏/活动的变化形式

……

特别需要注意的事情 ⟵ 强调活动中需要注意的原则或某些可能的误区

……

掌握了吗？ ⟵ 说明目标达成的标准

……

图 5-2　丛书中活动/游戏方案的结构解读

| 第五部分 | 如何运用本丛书来进行早期干预

（1）如果您是刚刚获悉您的孩子被诊断为自闭谱系障碍的家长，我们建议：

您先开始阅读本套丛书中的《如何理解自闭谱系障碍和早期干预》和《如何在游戏中干预自闭谱系障碍儿童》，然后随着您对自闭谱系障碍的了解的加深，以及对自己的儿童的情况的深入了解，结合评估和专业机构的意见，根据儿童的发展情况和特征，选取其他的领域（沟通、社会交往、自我照料、感知和运动、认知）进行阅读，选取其中适合的游戏或者活动来实施。

（2）如果您是自闭谱系障碍儿童的干预或者教学工作的教师，我们建议：

浏览丛书中《如何理解自闭谱系障碍和早期干预》的目录，看其中是否还有问题您不太明确答案或者想了解答案，然后至少阅读本册的第四部分和第五部分的内容，作为后续干预的指导原则，然后可以选择您比较关注的领域，或者根据您的儿童目前的干预计划选取优先考虑的领域相对应的分册。

（3）如果您是学前教育教师，我们建议：

您先开始阅读本套丛书中的《如何理解自闭谱系障碍和早期干预》，了解自闭谱系障碍和如何进行早期干预，然后可以根据您需要支持和帮助的儿童的发展情况个别化地选取领域进行参考，建议您关注《如何在游戏中干预自闭谱系障碍儿童》和《如何发展自闭谱系障碍儿童的社会交往能力》。

（4）如果您对自闭谱系障碍和早期干预有非常丰富的经验，我们建议：

您可以关注《如何理解自闭谱系障碍和早期干预》关于"自然环境"的一些新的早期干预的理念，思考如何运用。丛书的各个分册的内容可以为您的干预提供素材，您可以根据您的经验和对于儿童的了解，综合性地运用本丛书。

最后特别要强调的是，在运用过程中请干预者发挥创造力，基于儿童的需要和特点，让活动和游戏更适应您的儿童，每一个活动和游戏只是为您的干预提供相应的资源，您可以发挥创意，为您的儿童制订个别化的活动或者游戏方案，在干预过程中也要注意回应儿童的需要，灵活应变。

专栏5-1

我们怎么为儿童选择活动/游戏

- 多花时间陪伴孩子，了解你的孩子，观察他的兴趣和偏爱。
- 先让孩子动起来，寻找一切可以让孩子"移动"的游戏，从大运动开始（爬、走、跑、踢球、滑滑梯、荡秋千等），到小动作（与手部有关的游戏）。
- 有意识地多带孩子出去，尽可能地多一些与人、与物"交往"的机会，可以选择一些有助于促进社会互动发展的游戏，在家里先去演练(目光注视、挥手说再见等)。

- 培养语言或者沟通能力要先关注共同注意、模仿能力。
- 关注儿童的独立能力,让孩子学会自我照料。
- 不要只关注"认字"或者学数学,关注基础的认知能力,并适合儿童的发展水平。

……

最关键的原则是,要做一个有创造力的敏感的懂得回应的干预者,并且切记,其实每一个游戏都是多元目标的,可以促进很多种不同的领域的能力。

化繁就简一句话:多和孩子一起玩!让你自己成为孩子最喜欢的"玩具"!

玩的时候,成人要多为儿童提供"脚手架",给儿童支持!

成人要耐心,要勇于做"懒家长",不要过度包办,让孩子慢慢来!

理解自闭谱系障碍和早期干预

 小米粒的故事：早期干预案例分析①

小米粒

小米粒是个可爱的小女孩，她出生于 2011 年 7 月 7 日，剖腹产，母亲孕期和生产过程中均没有出现特殊的问题。小米粒出生时体重为五斤六两。

小米粒的妈妈曾经养育过一个孩子（豆豆，比米粒大 3 岁），小米粒出生后，她要照顾两个孩子，所以辞职在家，为小米粒的主要照料人。妈妈在小米粒很小的时候就发现她有些"不同"，妈妈发现小米粒对她的声音不像豆豆哥哥那么感兴趣，喂奶的时候总是注视着斜上方的灯光，而不看妈妈的脸，较少发出声音，很安静。

小米粒运动发展也比较慢。9 个月的时候才可以支撑着坐，一直不会爬，15 个月的时候还无法独立站立，无法行走，也不会喊"妈妈、爸爸"，只有兴奋的时候发出"dadada"的声音，对人和玩具没有特别的兴趣，很喜欢光，喜欢看灯。米粒的情绪状态还是很平稳的，

---

① 注：本书中的案例为作者根据多个案例和实践经验整合编写，以使得案例更加具有代表性和参考意义，如有雷同，纯属巧合。

很少哭闹。也许是因为妈妈很敏感，对她照顾得非常周到，总对她的需求给予快速的回应。

爸爸妈妈在小米粒 14 个月的时候带她去医院看了儿科发育门诊，医生的评估结果是小米粒全面发展迟缓，而且作为儿科医生的爸爸的朋友大陈叔叔告诉爸爸，因为小米粒基本没有目光对视，也没有指点行为，对物品和玩具没有兴趣也无法进行操作，所以可能有一些自闭谱系障碍的倾向，因为太小无法下诊断，但是建议小米粒的父母尽快进行早期干预。

小米粒的父母因为比较早就意识到小米粒的不同，也较快地接受了小米粒的"特殊"，两个人很快就后续的早期干预达成了一致意见，相互支持，父亲虽然全职工作，但晚上和周末会尽量参与到早期干预中，让母亲可以休息，家庭中的其他成员也非常支持，特别是外婆，搬来协助妈妈一起照顾孩子们。小米粒的父母也积极地与亲近的朋友沟通，与邻居沟通小米粒的情况，经常带小米粒到小区的儿童游乐区去，妈妈和外婆也时常会带着小米粒去买菜和散步。小米粒妈妈的朋友小陈阿姨的女儿比小米粒大三个月，也成为小米粒一直以来最亲近的同伴。

我们接下来以小米粒为例，示范如何结合本套丛书进行早期干预。

我们将追踪小米粒接下来的干预，因为小米粒比较小，在她两岁前基本都是在家庭中进行干预的，妈妈聘用了一位在自闭谱系障

如何 理解自闭谱系障碍和早期干预

碍早期干预机构工作过的教师每周来家中进行两次干预,每次一个小时,她自己会陪同。另外积极寻找机构为小米粒进行系统的干预。我们也可以参考第四部分的图 4-1 小米粒的发展生态图,从图中可以看出小米粒拥有一个非常强大的支持网络。

我们会建议母亲阅读本书《如何理解自闭谱系障碍和早期干预》,对自闭谱系障碍和早期干预进行了解,并开始首先寻找其他专业支持,通过阅读书籍(本书第六部分)、寻找专业人员的帮助等方式,来让自己成长。

接下来我们来讨论,如何运用本套丛书来为小米粒的早期干预提供帮助和支持。具体而言分别有以下几个步骤。

(1) 运用丛书进行真实性评估和生态学评估。

① 参照发展里程碑和各个领域的发展评估表来非正式评估儿童的发展水平。

② 观察并记录儿童的日常生活活动(特别推荐录像记录),了解儿童的兴趣和优势;特别是儿童喜欢的物品、游戏和活动。

(2) 制定干预目标、参考活动/游戏方案制订干预方案。

① 可以根据发展水平和下一阶段的发展项目来制定相应的干预目标(长期目标和短期目标,3 岁以下的儿童应该每 3 个月或者 6 个月重新调整目标)。

② 考虑儿童的家庭生态情况,了解家庭的资源和家长的担忧,

确定优先进行干预的领域和干预的模式等,确定每个参与者的分工和任务。

③ 结合不同领域分册的第二部分,根据儿童的发展水平,结合儿童的兴趣和优势,选择适当的活动/游戏。

(3) 过程性评估和方案动态调整。随时对儿童的发展进行监测和评估,建议通过录像或者对照发展评估表进行真实性评估和过程评估,及时调整早期干预方案。

专栏5-2

灵活运用自闭谱系障碍儿童早期干预丛书的基本的理念和原则

在参考丛书对自闭谱系障碍儿童进行早期干预的过程中,还有这样一些基本的理念和原则,需要注意:

- 为每个儿童提供个别化的早期干预方案,基于儿童的发展水平和兴趣,基于儿童的优势!
- 每个儿童都是一个整体,随着对丛书内容的熟悉,尽可能在同一个情境内,有弹性地创造性地整合活动和游戏方案。
- 尽可能地考虑"自然环境",创设学习机会,让儿童可以有趣地享受"早期干预",在玩中学,在玩中成长!

> - 活动和游戏方案不是"不可以改变"的,它们需要人来加以运用,也需要基于儿童与成人的互动,因此欢迎干预者发挥自己的创造力,基于干预的实际情况进行改变!最"简单"也是最富有创造力的运用是灵活运用!
>
>   您可以只是根据儿童的兴趣和特征,从中选取一个或者多个活动和游戏,然后加以改造,开始和孩子一起尝试玩游戏!

我们先按照步骤详细演示如何制订小米粒的第一份干预方案,后续的方案中如果有相同的内容将不再重复论述,另外这里特别强调,如果干预者对于儿童的发展具有一定的经验,或者对于要干预的儿童具有很深入的了解,您也无需按照这里列举的方式来,您可以灵活运用本丛书中提供给您的游戏方案,作为"资源库"来选择使用!

1. 运用丛书来进行真实性评估和生态学评估

首先,我们可以参考本书第二部分的表 2-1,来简单地查看一下小米粒总体的发展水平。我们可以先查看一下小米粒已经具有的能力,参看表 5-1 中"可以做到的"一栏中的举例,以及这些技能所对应的一般典型发展儿童达到该能力的年龄,另外是小米粒还不能做到的各个典型发展儿童的年龄段的相应的技能。"不能做到的"栏目里的项目可以在我们为小米粒制订早期干预方案时作为需要掌握的技能的参考。

表 5-1　小米粒 15 个月时的发展检核（时间：2012.10.15）

可以做到的	不能做到的	典型发展儿童的年龄
○ 对气味有感觉，当闻到难闻的气味时会转开头 ○ 当听到轻音乐、说话声时会安静下来	◎ 对大的声音没有反应	0～1 个月
○ 会紧握铃铛，主动拿玩具，拿着东西就放嘴里咬 ○ 玩具能在两只手间交换 ○ 喜欢看颜色鲜艳的东西，会盯着移动的物体看	◎ 不能对别人微笑 ◎ 两只眼睛不能同时跟随移动的物体 ◎ 听到声音时，不能转头寻找	1～3 个月
○ 能用手抓东西吃，会自己抱奶瓶喝奶，能用拇指、食指捏起细小物品	◎ 对新奇的声音或不寻常的声音不感兴趣	7～9 个月
○ 能配合成人穿脱衣服 ○ 会搭 1～2 块积木 ○ 喜欢听儿歌、讲故事	◎ 不会模仿简单的声音 ◎ 不能根据简单的口令做动作，如"再见"等	10～12 个月
	◎ 不能表现出愤怒、高兴、恐惧等情绪 ◎ 不会爬 ◎ 不会独站	1 岁到 1 岁半

因为米粒妈妈有养育儿童的经验，所以她对照这些内容后，首先，意识到小米粒的运动机能很弱，包括不会爬，不会独站。其次，米粒的沟通和社会交往也是困扰妈妈的问题，特别是没有共同注意、不会微笑、不太对人表达情感、不会叫爸爸妈妈；通常她也没有用手

理解自闭谱系障碍和早期干预

指点的行为,对很多玩具都没有兴趣等。

小米粒妈妈接下来对小米粒的日常生活中的行为表现进行了更细致的观察和记录(表5-2,表5-3,表5-4),她采用了录像记录和文字记录的方式。在小米粒日常活动的时候,如果有外婆或者其他照料者在场的时候,由一位成人对小米粒的活动和行为进行录像,并按照时间和活动类型存档(查看专栏5-2)。并且分析小米粒的兴趣和优势。

表5-2 小米粒的日常活动表(2012.10.15)

内容	时间	长度	简要说明	孩子如何反应?
起床	8:00	20分钟	小米粒睡眠状态不是特别好,入睡比较困难,夜里也会哭闹,早上凌晨会睡得比较好	基本是愉快的
洗漱	8:30	20分钟	妈妈会尝试用纯净水让小米粒漱口,然后用温热的毛巾为她擦脸	非常抗拒洗脸
进餐	8:50 12:00 4:00 6:30	各30分钟	小米粒比较挑食,需要喂食,但她喜欢用手抓东西吃	大部分时间喜欢,偶尔忍受
上厕所/换尿布	尿布湿不定期更换	10分钟	更换尿不湿的时候她总是相对比较配合,眼睛注视着窗户或者灯光	喜欢

续表

内容	时间	长度	简要说明	孩子如何反应？
精细动作游戏（比如玩玩具、美术、感知—运动游戏）	9:30—10:00	5～25分钟	小米粒喜欢带小灯或者会配合发出声响的玩具，会一直按开关	喜欢
大动作游戏（比如打闹游戏、追逐、户外游戏）	10:00 16:00	30～45分钟	带着她出去散步，或者去游乐场，喜欢坐摇摇椅，不太喜欢被扶着练习走路	总体上喜欢
唱歌或者其他社交活动	16:30	20分钟	哥哥从幼儿园回来，会陪小米粒玩，唱歌给她听	很喜欢
讲故事	20:00	30分钟	很喜欢ipad的配乐故事	喜欢
洗澡	19:30	30分钟	喜欢玩水，时常会因为洗澡结束不肯出来哭闹	喜欢，不喜欢结束
就寝时间	9:30	1个小时	入睡非常困难	抗拒
其他（比如玩电脑/ipad、看电视、去公园、和兄弟姐妹或其他照料者一起玩）	不定期	不定期	喜欢玩ipad，看动画片和广告，喜欢外婆抱着她，比较黏外婆	喜欢

表5-3 小米粒喜欢的物品/活动/游戏（2012.10.15）

物品	会闪光的玩具、开关按钮、泡泡
活动	喜欢听音乐、喜欢坐摇摇椅、喜欢看阳光透过窗帘或者树叶
游戏	吹泡泡、玩水

除了在家中进行观察,还是建议小米粒的父母带着她去医院寻求专业的评估,特别是一些必要的医学检查,确定是否存在一些通过医学手段可以治疗的"缺陷"或者疾病,"医教结合"——多学科多领域的合作非常重要。

结合医院的盖塞尔儿童发育量表的评估结果,小米粒的运动智能相当于 7 个月的发展水平,而语言能力相当于 3 个月的发展水平。我们建议在日常生活中多为小米粒提供运动康复的机会,并且开启小米粒与周围人的互动和沟通,以及对"玩玩具"的兴趣。

我们可以选择相应的领域的分册的第二部分按照小米粒的发展水平,寻找对应的推荐游戏,开始设计干预的方案。也可以按照米粒的生理年龄,15 个月,核对米粒已经具备的能力,找出相对应的适应她的发展年龄的活动/游戏,灵活运用。

举例来说,比如感知-运动领域,我们从妈妈的观察里也可以发现小米粒的感知觉加工过程可能存在特殊性,她的运动能力发展非常迟缓,因此我们可以参照《如何发展自闭谱系障碍儿童的感知和运动能力(韩文娟、徐芳、王和平)》分册中的第二部分的表 2-3 和表 2-4(表 5-4),来进一步了解小米粒在感知—运动领域的发展水平,以及适应其发展水平的游戏和活动是哪些?并可以从适合较小年龄水平的活动开始,同时考虑小米粒的兴趣和优势,来决定适合她的游戏/活动。

第五部分 | 如何运用本丛书来进行早期干预

表5-4　举例运用不同领域分册的第二部分来评估儿童的发展水平和选择活动

下面的表格来自《如何发展自闭谱系障碍儿童的感知和运动能力（韩文娟、徐芳、王和平）》

表2-3　4—7个月孩子感知运动能力发展表

领域	一般孩子会……	推荐活动/游戏
感知能力	● 眼睛能随缓慢移动的物体移动180°　√ ● 注视远距离物体　√ ● 有色彩感觉，对颜色有分化反应　√ ● 辨认熟悉的声音并有激动的反应　√ ● 挠痒痒会使婴儿作出微笑反应　√ ● 味觉对食物的微小改变很敏感　√ ● 能区分愉快和不愉快的气味　√ **要注意咯！** ● 如果眼位不正需要就医	14. 看看彩虹 15. 气味小侦探 16. 摸摸小脸
运动能力	● 俯卧单肘撑、双臂撑　√ ● 由仰卧翻身至侧卧、俯卧　√ ● 扶坐身体可竖直　√ ● 单手支撑坐立（6～7个月）　√ ● 匍匐后退爬、前进爬（6～7个月）　√ ● 敲打玩具　√ ● 用拇指以外的四指和手掌抓握物体　√ ● 用拇指、食指、中指和手掌抓握物体（6～7个月）　√ ● 物体由一手转移至另一只手（6～7个月）　√ **要注意咯！** ● 不会将物体由一手转移至另一只手 ● 不会匍匐爬	17. 调皮的小猫 18. 翻滚吧，宝贝！
感知运动能力	● 眼手协调动作开始出现，转动身体伸手去抓看到的东西　√ ● 调整姿势以便能看清想看的物体　√ ● 转动眼球去追视移动物体　√ ● 听到自己的名字会转过头看或通过表情作应答反应 ● 看见东西会伸手抓物体不太准确地放进嘴里　√ ● 摇晃、翻转身体及到处移动等前庭刺激能令他感到快乐　√ ● 自己抱住奶瓶，将奶嘴放入口中　√	19. 翩翩起舞 20. 口探新物 21. 拉手坐起

续表

领域	一般孩子会……	推荐活动/游戏
表 2-4 8—12 个月孩子感知和运动能力发展表		
感知能力	● <u>视力 0.1～0.2，较长时间看 3 米内的人物活动</u> ● <u>会随着大人的手或眼神注视某样东西</u> ● <u>会寻找眼前突然消失的物体</u> ● <u>开始有深度知觉，对悬崖的深度表现出害怕和恐惧</u> ● <u>听到其他婴儿的啼哭会感兴趣</u> 要注意咯！ ● 不能注视 ● 对其他婴儿啼哭不感兴趣	22. 眼随手动 23. 躲猫猫 24. 听听哭声
运动能力	● 独立稳定坐　√ ● <u>会四点爬行</u> ● 扶持站立到独立稳定站立 ● <u>独立高跪</u> ● <u>自己敢扶物蹲下来，扶着家具等可侧行</u> ● <u>用食指碰物体</u> ● 拍手 ● 用拇指、食指、中指或食指、拇指抓物体　√ ● 会撕纸 要注意咯！ ● 不会四点爬行	25. 翻山越岭 26. 小小搬运工 27. 神奇的魔毯 28. 蜗牛上台阶 29. 扶物行走 30. 稳如泰山 31. 宝宝爱撕纸
感知运动能力	● 能模仿成人简单的手势 ● 听到被叫名字可能会向你爬过来 ● <u>12 个月时，听指令指出自己身体的相应部位</u> ● <u>手准确抚摸被刺激的地方</u> ● <u>见到不熟悉的物体要放进嘴里</u>	32. 卧踢彩球 33. 虫虫飞 34. 弯腰捡物 35. 随乐拍手 36. 循声拿玩具

　　分析：我们对照表格中的项目，如果小米粒达到了该项目所列能力水平，我们在后面打"√"，如果没有达到，我们将该项目加黑和下划线突出，我们可以发现"表 2-3 4—7 个月孩子感知和运动能力发展表"中列举的大部分技能小米粒都已经达到了，除了"辨认熟悉的声音并有激动的反应""匍匐后退爬、前进爬（6～7 个月）"；而"表 2-4 8—12 个月孩子感知和运动能力发展表"中列举的大部分项目，小米粒还都不会，因此我们可以选择表 2-4 中第三栏"推荐活动/游戏"中的活动，按照序号去第三部分寻找，根据儿童的兴趣和家里的资源来决定采用哪些游戏。

同样的,我们可以参照沟通分册、社会交往分册来做同样的工作。

2. 制定干预目标、参考活动/游戏方案制订干预方案

在前面的工作基础上,参考小米粒的发展生态图,考虑其家庭的资源和支持,我们可以列出小米粒15个月时的干预方案,见表5-5。

表5-5 小米粒的第一份干预方案(年龄:15个月)

家庭早期干预方案
儿童姓名:小米粒　儿童出生日期:2011.7.7　性别:女 制定时间:2012.10.20 参与制定人:妈妈、干预教师、儿科医生、外婆 方案实施者:妈妈、干预教师、儿科医生、外婆 干预方案实施周期:2012.10.20—2013.3.20(15个月到21个月) 儿童发展现状、优势等描述(略,参考前文) 干预目标: 1. 可以独立站立,并能在有限的辅助下行走或独立行走; 2. 能与成人有5秒(及以上)的目光接触; 3. 可以用手指点需要的物品; 4. 在成人为她阅读一本书的时候,可以协助翻页,维持注意力等。 …… 干预实施:

	周一	周二	周三	周四	周五	周六	周日
早上	家中游戏干预(教师母亲)	医院运动康复(母亲外婆)	家中游戏干预(教师母亲)	医院运动康复(母亲外婆)	家中游戏干预(母亲)	游乐场/公园(父亲)	休息
下午	家中游戏干预(母亲)	家中游戏干预(外婆)	家中游戏干预(母亲)	医院言语治疗(母亲外婆)	家中游戏干预(外婆)	家中游戏干预(大学生)	家中游戏干预(大学生)
晚上	洗澡、阅读、音乐、ipad辅助学习							

下面我们将具体举例来说明小米粒刚开始干预的几周内具有代表性的一天的活动安排(表5-6),示范如何运用丛书的内容在自然环境中进行早期干预。并在后续给予分析和解释。

表5-6 小米粒的一天(年龄:15个月)

日程	场所/物品	游戏/活动	关注的领域
起床	床上/被子、闪光的玩具	躲猫猫(变化) 参考(社会交往①)3. 一起藏猫猫 (感知和运动)23. 躲猫猫 (感知和运动)1. 注视探照灯	视觉寻找 注意力 社会交往 沟通等
洗漱	杯子/毛巾	让儿童参与把毛巾打湿 (自我照料)9. 我会用我的小杯杯啦	感知觉 自我照料
进餐	勺子	(自我照料)11. 勺子喂一喂 (沟通)14. 小小指挥棒1	自我照料 沟通(指点动作) 精细动作
上厕所/换尿布	儿童便盆	(自我照料)45. 我会嘘嘘 (自我照料)46. 坐着拉臭臭	自我照料(会坐着小便) (在便盆上时能大便) 语言理解

① 此表中"社会交往"指《如何发展自闭谱系障碍儿童的社会交往能力》一书,为简称,表中以下"感知和运动""自我照料""认知""沟通""游戏"等同为相应各册简称。

续表

日程	场所/物品	游戏/活动	关注的领域
精细动作游戏（比如玩玩具、美术、感知和动作游戏）	四块色彩鲜艳的拼板 喜欢的玩具 带声音/灯的小车等 （可以在早上或者下午午睡后进行）	（游戏）1. 小车动起来 　　　　2. 叮叮当 （认知）1. 玩拼板 （感知和运动）11. 玩具追踪家 （沟通）1. 猫捉老鼠 　　　　2. 我的名字	精细动作（手眼协调） 语言理解 目光接触 共同注意 社会互动 动作模仿
大动作游戏（比如打闹游戏、追逐、户外游戏）	可以在室内，也可以在草地上	（感知和运动）25. 翻山越岭 26. 小小搬运工 27. 神奇的魔毯 28. 蜗牛上台阶	四点爬行 手脚协调 动作模仿等
唱歌或者其他社交活动	音乐	（社会交往）1. 挠痒痒游戏 2. 拉大锯，扯大锯	社会交往 动作模仿 情绪
讲故事	参考第六部分推荐儿童书 选取儿童书	协助翻页 妈妈可以指着故事书上的某个她感兴趣的事物命名、描述	语言理解 精细动作 社会互动
洗澡	镜子 喜欢的防水玩具 大浴巾	（社会交往）33. 镜中自我 （感知和运动）8. 我爱洗澡 （自我照料）30. 我爱洗澡，皮肤好好！	自我照料（能用毛巾擦身体） 认识自己的身体部位 感知觉 社会交往

续表

日程	场所/物品	游戏/活动	关注的领域
就寝时间	舒适的寝具	（自我照料）96.宝宝要睡觉觉了（入睡不哭闹）	自我照料 社会交往
其他（比如玩电脑/ipad、看电视、去公园、和兄弟姐妹或其他照料者一起玩）	出去散步（闪光的球） 摇摇椅	扶着儿童走路 扶着儿童站立，让儿童试着追球（可以在傍晚） 支撑住儿童荡秋千 摇摇椅的时候，站在儿童的对面跟着摇摇椅的音乐唱歌，或者轻轻跟着节奏拍打她的肩膀，注视着儿童的眼睛，对她微笑 如果她还要玩，示范要求的语言等 以小米粒的口吻与人打招呼等	肢体协调 感知觉（前庭） 社会交往 沟通

活动举例分析——我们选取其中两个场景的活动进行详细说明：

起床时刻的"躲猫猫"，我们可以这样玩：

游戏活动参照

《如何发展自闭谱系障碍儿童的感知和运动能力》中的活动1.注视探照灯和23.躲猫猫；

《如何发展自闭谱系障碍儿童的社会交往能力》中的活动3.一起藏猫猫

让我们先看看这三个游戏活动：

1. 注视探照灯（视觉注视）

我们为什么这样做？

促进儿童视觉注视能力发展。

儿童需要准备的

对光有反应，视线随光源移动。

成人需要准备的

手电筒；不同颜色的布，如红色、蓝色、绿色。

开始玩吧！

- 用一块布蒙住手电筒的灯泡处，打开手电筒。
- 手电放置于距儿童眼睛20～30厘米处，在儿童视野范围内。
- 待儿童注视光源后缓慢移动手电，每次1～2分钟，期间可更换不同颜色的布以丰富光线的颜色。

我们还可以这样玩！

- 改变光源与背景的亮度对比。
- 丰富光源类型，选用烛光、手机屏幕光、电脑屏幕光等。

理解自闭谱系障碍和早期干预

- 两个成人合作完成,其中一人持光源,另一人帮助儿童移动头部。

🔔 **特别要注意的事情**

- 夜晚时,把电灯关了后,效果更佳。
- 成人需始终关注儿童表情和视线追随状况,及时判定儿童异常情绪反应和视线保持状况,以便及时作出调整。
- 不可用手电直接照射儿童,且布条不宜太薄,以免光线太强。
- 注视时间不宜太长,以免引起视觉疲劳。
- 光源移动速度不宜太快,以免儿童视线跟不上光源移动。

掌握了吗?

- 在视野范围内注视光源。

3. 一起藏猫猫(与成人建立亲密关系)

我们为什么这样做?

　　成人和儿童一藏一找的过程实际上就是在进行社交性的互动。在藏猫猫的过程中,成人可以和儿童面对彼此,分享共同的时间、空间和体验,并抓住机会进行多次近距离的目光追随、眼神交流和社会性微笑;儿童的共同注意能力也能够得到提升。

第五部分 | 如何运用本丛书来进行早期干预

儿童需要准备的

进行这一活动,儿童需要具备基本的粗大运动能力和简单的语言理解能力。

成人需要准备的

成人需要事先准备好一条颜色鲜艳的手绢或毛巾,同时在活动中保持高涨的精神状态,用较为夸张的声音和动作和儿童进行互动。

开始玩吧!

- 开始时成人和儿童需要保持比较近的距离(两米之内),然后用手绢或毛巾搭在成人的头上,遮住成人的眼睛和脸,让儿童看不到成人的脸和眼睛。这时成人可以先呼唤儿童的名字,再发出"喵喵"的声音,吸引儿童的注意力;接着成人可以突然放下手绢和毛巾,同时以夸张的"喵喵"声音和惊喜的表情与儿童的目光相对。

- 当儿童熟悉了这一过程后,也可以反过来进行,把手绢搭在儿童的头上,遮住他的眼睛,并问"宝宝在哪里啊?"接着突然把手绢放下来,立即注视着儿童的脸和眼睛并说:"哦,原来宝宝在这里呢!"并用惊喜的表情和眼神吸引儿童的注意。

- 可以逐渐增加成人和儿童之间的距离，训练儿童的目光追随能力。
- 这个活动也可以由父母双方一起和儿童进行。父母中一方可以抱着儿童，另一方藏在他们的后面并且来回移动身体，发出"喵喵"的声音来吸引儿童的注意，在儿童注意到成人的面部时要及时地跟他进行眼神的接触和对视。

我们还可以这样玩！

- 这个活动既可以在成人和儿童之间进行，也可以加入其他小朋友一起玩儿。
- 成人不一定非要用躲猫猫的"喵喵"声来吸引儿童的注意力，可以根据儿童的经验和能力进行灵活调整，只要让儿童在被成人的声音或表情吸引后能及时与其进行眼神接触即可。
- 成人可以在儿童有需求的时候，要求儿童先有目光的接触，才给予回应。

🔔 **特别要注意的事情**

- 如果条件允许，可以在户外的操场上、草坪上进行躲猫猫的游戏，但要注意周围环境的安全性。

第五部分 | 如何运用本丛书来进行早期干预

掌握了吗?

- 如果成人能够通过声音、微笑、眼神接触等吸引儿童的注意,使他们能参与到活动中并且能够回应成人的呼唤和眼神交流,那么目标就达成啦!

23. 躲猫猫(视觉寻找)

我们为什么这样做?

提高视觉寻找物体的速度和敏锐性;关注周围人和物。

儿童需要准备的

会寻找眼前突然消失的物体。

成人需要准备的

无。

开始玩吧!

- 吸引儿童视觉注意,让儿童注视成人的脸。
- 成人突然用物体把脸遮住或躲到旁边。
- 引导儿童寻找成人。

- 儿童找到后,成人用非常开心的情绪状态回应儿童,以提高儿童参与积极性。

我们还可以这样玩!

- 让儿童注意喜爱的玩具后,玩具突然消失,引导儿童寻找玩具。

🔔 **特别要注意的事情**

- 选取的目标物是儿童感兴趣的人或物。
- 开始实施此活动时,儿童可能不能很快了解成人的用意而难以快速找到消失物。需要成人等待一会儿,再通过呼唤儿童名字或帮助儿童寻找到目标物。待儿童熟悉活动后,成人逐渐减少支持,直到儿童可迅速找到消失的物体再换一种刺激物。

掌握了吗?

- 儿童能够迅速通过视线找到消失的物体。

我们的准备工作很简单,根据小米粒的兴趣,第一天的时候我们准备了一个会发光的玩具球和一床比较轻薄的被子或毛毯;妈妈要准备好用夸张的语调、微笑的面容一起参与到活动中。然后我们开始玩吧!

早上起床后,小米粒的习惯是喝一点奶(不要太饱哦)(如果天气比较冷,建议给儿童穿一件毛衣,但不需要太厚,因为活动过程中孩子可能会出汗),然后妈妈和小米粒面对面坐在床上,妈妈可以一边哼唱自己编的歌谣"小米粒起床了,小球球也起床了,小球球跑出来了……"看着小米粒,并拿着玩具球在小米粒的眼前轻轻移动,确认小米粒的目光注视着小球并跟随移动。然后妈妈把小球拿到自己的面前,用手突然把小球藏在手心,或者放到身后,同时尽可能"抓住"小米粒的目光,立刻用夸张的语调说:"小球球去哪里了啊!""小球球要躲猫猫吗?"

等待小米粒寻找小球球的肢体动作或者发出声音意图寻找,妈妈可以把小球慢慢拿出来,呈现在小米粒前面,然后慢慢让小米粒的目光追随着小球,把小球改放在薄毯子下面,然后拿起毯子,把小米粒和自己都盖进去,"我们都来躲猫猫吧!""小米粒,快去抓住小球球",鼓励小米粒去抓住小球,如果小米粒抓住了小球,妈妈就去抱住小米粒,开心地说:"米粒抓住球,我抓住你啦!"

这个游戏可以玩很多次,可以慢慢增加难度,比如随着小米粒熟悉了"躲猫猫"的含义,可以让她看着小球藏在被子下,鼓励她自己钻进去找球,鼓励她学习爬;渐渐地也可以尝试妈妈和球一起躲进去,鼓励小米粒来找妈妈,"妈妈去哪里了啊","喵喵,我在这里呢,来找我啊"。

儿童熟悉游戏后,可以更换玩具等,关键在于让儿童能寻找"不见了"的玩具和人,目光追随物品,并能与人有目光接触,在游戏中产生互动,最重要的是,让她开心地笑!享受游戏的过程。

洗澡时刻的"我爱洗澡澡",我们可以这样玩:

游戏活动参照

《如何发展自闭谱系障碍儿童的感知和运动能力》中的活动8.我爱洗澡;

《如何发展自闭谱系障碍儿童的社会交往能力》中的活动33.镜中自我

《如何发展自闭谱系障碍儿童的自我照料能力》中的活动30.我爱洗澡,皮肤好好!

让我们先看看这三个游戏活动:

8. 我爱洗澡(触觉刺激)

我们为什么这样做?

锻炼触觉功能;促进亲子关系。

儿童需要准备的

无。

成人需要准备的

浴盆;合适温度的水;粗糙程度不同的洗浴用品。

第五部分 | 如何运用本丛书来进行早期干预

开始玩吧！

- 儿童坐于有合适温度的水的浴盆中。
- 成人出示将使用的洗浴用品，并说出用品名称，如"浴球"。
- 用洗浴用品搓洗儿童身体不同部位，如后背，并说："搓搓后背。"
- 换一种洗浴用品，先出示给儿童看，再说出用品名称，如"海绵"。
- 搓洗儿童身体不同部位的同时告知儿童搓洗的部位，如"搓搓小手"。

我们还可以这样玩！

- 同一种洗浴用品或徒手采用不同方式接触儿童身体，如揉、搓、敲、按等。
- 让儿童感受不同温度的水。
- 在日常生活中用各种材质物品刺激儿童身体，而非只是在洗澡过程中。

🔔 **特别要注意的事情**

- 水的温度不宜过高或过低，以免烫到儿童或让儿童受凉。
- 使用粗糙的洗浴用品时，搓洗力度不要过大，以免划伤儿童稚嫩的皮肤。

- 时刻观察儿童的表情和反应,以便及时调整刺激方式和部位。
- 依据儿童的触觉敏感性调整搓洗的力度、刺激物和刺激方式。

掌握了吗?

- 如果儿童依据刺激物的强度产生合适的反应,既不会过度敏感也不会过度迟钝,那么儿童触觉敏感性得到一定改善!

33. 镜中自我(自我意识)

我们为什么这样做?

这个活动可以让儿童习惯被别人注视,通过认识镜子里的自己,体会看到一个人影子的感觉;认识并且欣赏自己在镜子中的倒影,知道自己是独一无二的存在,增强儿童的自我意识。

儿童需要准备的

儿童需要具备基本的共同注意能力和视觉能力。

成人需要准备的

成人需要事先准备两面镜子和两条围巾。

开始玩吧!

- 成人和儿童一起坐在地板上,每个人面前放一面镜子,事先用围巾盖住镜子。
- 成人用夸张的语气询问儿童:"快看看,这是谁?"边说边翻开儿童面前镜子上的围巾,并说出儿童的名字:"这是XX!我们都喜欢他!"
- 观察儿童的反应,如果儿童表现得感兴趣并看向镜子里的自己,那么再接着进行下一步,让儿童开始认真审视镜子里自己的脸以及成人的脸,让他学会在生活中发现每个人的区别。这一过程中成人可以适时地进行语言提示和讲解,例如:"看,这是宝宝的鼻子,这是妈妈的鼻子,有什么不一样呢?"
- 对于那些不喜欢与他人有眼神接触的儿童,看着镜子里的自己会比较容易。看着自己的眼睛可以帮助儿童习惯眼神接触。

我们还可以这样玩!

- 可以先不借助镜子,直接用围巾盖住儿童的头,之后掀开儿童头上的围巾,再由成人和儿童一起观察镜子里儿童的脸。
- 如果儿童的能力水平较高,可以进一步要求儿童和成人轮流说出对方的一个脸部特征。

- 可以邀请同伴加入游戏,也可以用玩偶代替同伴来进行指认游戏。

🔔 **特别要注意的事情**

- 对于注意力有障碍的儿童,需要让他足够靠近镜子,来吸引他的注意力。

掌握了吗?

- 如果儿童能够认识并且欣赏镜中的自己,并且逐渐习惯被别人注视,那么我们的目标就达成了!

30. 我爱洗澡,皮肤好好! (能用毛巾擦身体)

我们为什么这样做?

帮助儿童掌握擦洗自己身体的技能,让儿童养成爱自己洗澡,洗完把身体擦干的好习惯,增加儿童的独立性。

儿童需要准备的

具有手部抓握毛巾的能力,并且儿童喜爱洗澡。

成人需要准备的

小毛巾或浴花,肥皂、水。

开始玩吧！

当洗澡的时候，告诉儿童："今天，宝贝也要自己来洗澡喽！"

将小毛巾递给儿童，家长手中也留有一块。向儿童展示如何将肥皂涂在毛巾上，如何将毛巾在自己身上来回擦。

先让儿童学习将肥皂擦在毛巾上，鼓励儿童右手拿着毛巾擦拭左边的身体，然后左手拿着毛巾擦拭右边的身体。

我们还可以这样玩！

家中可以购买一些洗浴玩具，让儿童在洗澡时也给这些玩具擦上一些肥皂，并给它们冲洗干净，最后把玩具擦干。

🔔 特别要注意的事情

- 使用浴花对儿童来说会更容易操作一些。
- 这个活动只是为了让儿童学习如何擦拭身体，其余的步骤仍需要家长的帮助才能完成。

掌握了吗？

在洗澡的时候，儿童能拿住小毛巾，并试着去擦自己的身体。

我们需要为小米粒做的准备有：在浴室里准备一面大镜子，宝宝可以看到自己（日后学习洗手、刷牙、洗脸等都可以用）；浴盆；小毛巾；一个可以发声的橡皮小鸭子；大浴巾；妈妈或者妈妈爸爸一起，一个人主导，另一个人协助。

开始玩吧！

妈妈在澡盆里放好温度适宜的水（爸爸在洗澡进行到中期，可以用小盆接一些热水加入，保证水的温度），然后放入小鸭子和毛巾，然后开始给小米粒脱衣服（小米粒很喜欢洗澡和玩水，所以她不存在不愿意洗澡的问题，如果遇到有的小朋友比较害怕洗澡，可以在洗澡前多次提醒，并先给他喜欢的玩具洗澡，邀请他加入等）。

脱衣服的时候，可以一边脱一边说"脱鞋子啦"，一边示意小米粒抬脚，或者另一个大人辅助抬起小米粒的脚，说"鞋子脱掉"。然后是袜子、裤子、上衣。记得让小米粒慢慢适应配合妈妈的动作，步骤可以有一个规律，让她熟悉流程，渐渐地让米粒参与到脱衣服的过程中，比如套头衫，剩下最后套在脖子里（领口比较宽松的情况下），辅助米粒自己从头部脱出来。

"小米粒，自己去澡盆里喽，小心滑，别摔倒。"进去之后，妈妈把小鸭子给小米粒，让小米粒给小鸭子洗澡，妈妈可以说"小鸭子的嘴巴在哪里啊，呱呱"。然后示范给小米粒小鸭子嘴巴的位置，可以拿着小鸭子轻轻"吻"小米粒的嘴巴，"小米粒的嘴巴在这里，亲亲。"

妈妈在用毛巾洗身体的时候，一边擦洗，一边说出身体部位的名称，也可以拿着小鸭子放在米粒的头顶、肩膀、后背等，说"小鸭子爬到你的头顶了哦"，等等。

妈妈可以把小鸭子拿到米粒的眼前，自己面对米粒，说"小鸭子在看我哦，妈妈的嘴巴在哪里/妈妈的眼睛在哪里？"在米粒与自己有眼神接触的时候，再把小鸭子还给她，微笑地高兴地说："小米粒找到了！"

故意让一些水流到小米粒的脸上，然后在她感觉到的时候，把小毛巾递给她，说，"用毛巾擦擦"。如果她没有反应，可以把毛巾放在她手中，自己先做一个用毛巾擦脸的动作，示范她自己擦脸。

洗好了，让小米粒穿好衣服（穿衣的时候与脱衣一样，重复身体部位以及衣服、裤子、袜子等名称，让她配合穿）站在镜子前，先用大浴巾挡住镜子，然后把小鸭子放在她的头顶，突然拿开浴巾说，"看看这里有什么"，让她看镜子里有个小鸭子，当她试图伸手去拿的时候，可以说"鸭子在镜子里"，"小米粒也在镜子里"，如果她有兴趣，可以用手指着她自己的鼻子说："这是小米粒的鼻子"，"小米粒的嘴巴"……

洗澡也是一个可以不断拓展的活动，可以玩泡泡，夏天的时候，也可以让孩子在浴室的墙上用泡泡画画，写字母和数字等，还可以拿一些玩具，在水里扮演角色玩游戏（比如《如何在游戏中干预自闭谱系障碍儿童》35.娃娃家之洗澡澡（假装游戏））。

要注意的是：

- 干预者在游戏过程中要提示儿童的目光注视和目光接触（口语加动作辅助）。
- 注意儿童的感知觉特征，在儿童可以接受的程度上慢慢增加难度。

- 增强儿童的非言语沟通能力,比如发展手指的运用能力,也可以运用图片和实物来帮助沟通。
- 促进儿童的动作模仿能力,慢慢要求进行一些声音的模仿。
- 要设计有趣味的活动,让儿童有机会练习、重复。
- 建立规范,特别是游戏中让儿童理解等待、轮流、与成人分享情感等。

而在游戏过程中:

- 成人的语音语调要有变化,语速可以慢点,语言简洁清晰。
- 成人要尽量让儿童自己来尝试,你可以通过示范、口语提示、改变要求等,但一定要避免替代儿童去完成。
- 成人在游戏过程中要像一个现场播音员,不断跟儿童说明他接触到的物品/人、物品可能发出的声音、物品/人在干什么,等等。
- 如果儿童有模仿语言或者回应你的问题,当他可以说出一个词的时候,你要很高兴地告诉他,"是的,鸭子",然后加以扩展"黄色的鸭子!"(如果儿童说错了,你可以直接告诉他,是鸭子哦!鸭……子)

类似这样的安排建议可以根据每天不同的日程稍微进行调整,在一个星期后如果儿童达成游戏设定的目标,可以向更高水平的一些游戏过渡,制订下一周的活动方案,依此类推。对于3岁前的儿童,建议三个月或至少半年对儿童的发展再进行一次评估,然后重新设定干预计划。

在干预过程中,会出现儿童发展较快,在较短的时间内完成了预计的目标,或者儿童的发展出现反复,或者进步较慢的情况,这些情况出现后都需要及时调整干预目标和干预的活动方案。

3. 过程性评估和方案动态调整

6个月后的小米粒

在经过6个月每周大约40个小时到50个小时的干预,21个月的时候,小米粒取得的进步是很可喜的。她可以独立站立并行走;有时候可以追着球小跑一会;可以扶着妈妈的手上楼梯了,当妈妈叫她"小米粒"的时候,她知道是叫自己;每次妈妈或老师来了,准备和她一起玩的时候,她会拍手微笑,发出很开心的笑声;她可以认出镜子中的自己;可以随着成人的语言指出相对应的自己和他人的五官和身体部位;当她表示愿意的时候,小米粒会发出"嗯"的声音;会在很开心的时候叫"妈妈"和"大大",但她还是很少有主动的言语;她会自己洗手擦手,可以握着小勺把食物放进嘴巴;她的精细动作发展得也不错。小米粒还是喜欢看着光线,喜欢听音乐,会随着音乐摇摆身体。可以坐在那里和成人一起阅读完一本故事书,她可以在大人的口头提示下,用手指出故事书上常见的一些物品,比如"太阳""球""小狗"等,会协助成人翻页。

小米粒还学会了三个常用的手势语来进行沟通,一个是喝奶的动作(她握拳靠近嘴巴),一个是"还要更多"(两个拳头相碰表示"我还要"),还有一个手势是"睡觉"或者"累了,休息"(她把一只手放在脸上,头靠上去)。

小米粒的父母在为小米粒寻找各种支持和帮助的同时,也慢慢学习了很多适合小米粒的干预策略,同时因为他们时常陪伴小米粒,用心去理解小米粒的需要,并及时给予恰当的回馈,与小米粒的亲子关系质量也很好,并且父母需要同时照顾哥哥,哥哥和父母好朋友的孩子安安时常在周末或者其他游戏时间与小米粒一起玩,在大人和哥哥,还有安安的帮助下,小米粒在自己感兴趣的活动上可以与其他小朋友保持一定的关注力,参与到活动中,虽然她的注意力停留不久。

20个月的时候,小米粒得到当地的一个早期干预机构通知(目前很多机构都有很长的等待名单,需要先去评估、排队),可以进入机构学习。机构为米粒安排了每周四个半天的早期干预(表5-7),每次2个小时左右,一般都会分解为几个板块进行,包括精细动作、认知、沟通、大动作、音乐活动等,个别化干预与小组干预结合。

父母和外婆,还有其他家人还是利用一切可能的机会在家、在小区、在路上为小米粒创造学习的机会。

表5-7 小米粒的第二份干预方案(年龄:21个月)

家庭早期干预方案
儿童姓名:小米粒　儿童出生日期:2011.7.7　性别:女 制定时间:2013.3.20 参与制定人:妈妈、机构干预教师、儿科医生、外婆 方案实施者:妈妈、干预教师、儿科医生、外婆 干预方案实施周期:2013.3.20—2013.9.20 (21个月到27个月)

续表

儿童发展现状、优势等描述（略，参考前文）

干预目标：

1. 可以自己（扶着栏杆）上下楼梯；
2. 可以踢球、扔球等，可以推、搬运一些物品；
3. 可以拉拉链、尝试解开扣子；
4. 可以命名更多物品，可以说出双词句，比如"妈妈，看""宝宝，要"；
5. 可以与同伴一起玩球；
6. 可以玩假装给洋娃娃洗澡等假扮游戏；

……

干预实施：

	周一	周二	周三	周四	周五	周六	周日
早上	机构干预（教师、母亲）	机构干预（教师、母亲）	机构干预（教师、母亲）	医院运动康复（母亲、外婆）	机构干预（教师、母亲）	游乐场/公园（父亲）	休息
下午	家中游戏干预（母亲）	医院运动康复（母亲、外婆）	家中游戏干预（母亲）	医院言语治疗（母亲、外婆）	家中游戏干预（外婆）	家中游戏干预（大学生）	家中游戏干预（大学生）
晚上	洗澡、阅读、音乐、ipad 辅助学习						

我们还是可以参考小米粒 15 个月的时候那样为她设计每天的活动，因为现在机构和医院的训练要占到 7 个半天，在家中的游戏和活动可以与机构学习的内容结合，在家中，以适合的方式进行强化和练习。机构干预教师也应该与家长密切合作，为家长提供培训和支持，让家长配合在家中的练习，为儿童提供尽可能多的学习机会和学习经验。共同促进小米粒的发展。

我们可以展望,这样的早期干预如果持续到小米粒三岁多的时候,小米粒也许就可以到一个具有早期融合教育经验并且尊重儿童的个体差异的普通幼儿园进行学习,幼儿园的老师也可以借鉴本丛书中的一些游戏和干预原则为小米粒创设一个良好的社会互动的环境,并且支持小米粒沟通能力、社会交往能力和游戏能力、运动能力以及认知能力等各个方面能力的发展。

小米粒也可以选择继续半天的机构的密集的个别化和小组干预,半天在幼儿园学习(上午半天),家庭中也保持持续的系统的干预,经过长期的高质量的早期干预,我们可以预想小米粒会有很好的预后效果,在6岁的时候,我们可以更多地开始关注她是否具备了上小学的各项能力,为小学做准备,通过社会故事等方式让她适应小学的课程安排和每天的作息等。

小结一下,家长在自我调整后,接受儿童患有自闭谱系障碍,接受的含义是积极的,而不是说"彻底放弃对孩子的所有的期望"。我们需要接受的是"我的孩子有点特殊,他学习的方式跟别的孩子可能有所不同",但"他一定可以学习,也可以拥有属于自己的未来"。家长和教师需要一起评估儿童的发展和需要,一起设想儿童在达到下一个阶段前可能需要发展的能力,然后尽最大努力来为儿童提供发展这些能力的机会,有足够的耐心和恒心,让孩子有机会愉悦地重复练习,直到能力得到发展,可以顺利进入下一个阶段,比如3岁前,要考虑他要去幼儿园,需要哪些基础能力,比如自我照料、比如情绪控制、比如基本的交往和沟通能力，比如与同伴游戏，服从集体的口令，或模仿等能力；而幼儿园结束后小学又需要哪些能力呢？

我们的孩子当然有未来，要善于去发现孩子的特长和优势，每个孩子都有未来，但我们要从关注当下开始，为他们的未来打下坚持的基础！

第六部分

资源推荐[1]

---

[1] 感谢郭俊丽参与本部分的整理和格式编辑。

理解自闭谱系障碍和早期干预

一 推荐儿童书

(1) 0~3岁小婴孩必备全书:经典童话本.吉林美术出版社,2008年.该丛书汇集了世界童话大师传世名作,让宝宝在阅读优美童话故事的同时达到学习知识、陶冶情操的目的,是宝宝早期启蒙阅读必备书。

(2) 好饿的毛毛虫.卡尔.明天出版社,2008年.如果说有一条虫子能一路畅通无阻地从一个国家爬到另一个国家,那么就是它了!这是一本充满了诗情与创意的图画书。

(3) 小兔汤姆系列.玛莉-阿丽娜·巴文.海燕出版社,2008年.这是一套读起来让人高兴的书,全文充满了孩子童稚的言语和天真的游戏,还有亲子之间愉快的互动。

(4) 完美成长故事美绘本:社交行为(亲子版).李丰绫.北京出版社,2013年.该书包含大量贴近孩子生活、主题突出的小故事,告诉孩子基本的社交礼仪,如何养成良好习惯,学会战胜困难和恐惧,如何提高孩子的情商,以及科学童话和益智故事中蕴藏的道理。

（5）"我的感觉"系列.斯贝蔓.电子工业出版社,2007年.该丛书用简单和抚慰人心的语言,帮助小孩了解与管理自己的感觉,并且让他们懂得以同理心对待别人。

（6）青蛙弗洛格的成长故事.维尔修思.湖南少年儿童出版社,2006年.这是一套有助于孩子心灵成长的心理教育故事。每个故事都自然流露出某种重要的主题,充满了想象力。

（7）不要随便跟陌生人走.珊蒂·克雷文.青岛出版社,2011年.这是一套主题特别的图画书,对那些即将离开父母的视线、进入校园学习的孩子们来说,也是一套非常有帮助的教科书。

（8）小熊宝宝绘本.佐佐木洋子.连环画出版社,2007年.该套书涵盖了幼儿生活的各个方面：吃饭、睡觉、洗澡、穿衣、问好、交友等。语言简单凝练,便于儿童识记,动物形象生动传神,广受儿童喜爱。

（9）考拉宝宝系列（套装共6册）.纳帝雅·贝尔凯纳等.少年儿童出版社,2009年.主人公考拉宝宝两岁了,她聪明又活泼,喜欢和好朋友皮皮一起探索周围的世界。该套书内容涵盖就餐、洗澡、交友、探索等主题。

（10）自我保护意识培养:我不跟你走＋别想欺负我（套装共2册）.伊丽莎白·崔勒.新世界出版社,2011年.该套书通过主人公吉姆和露露两人的故事,帮助儿童了解自我保护的重要性。

(11) 鳄鱼怕怕牙医怕怕.五味太郎.少年儿童出版社,2005年.鳄鱼不想看牙医,但它非看不可。牙医也不想看到鳄鱼,他们是怎么办到的呢?该书可以帮助自闭谱系障碍儿童了解保护牙齿的重要性,学会刷牙齿,预防看牙医的困难状况。

(12) "学习毛毛虫"系列丛书学习毛毛虫.布于恩麦斯特.河南科学技术出版社,2012年.该丛书适合3~5岁学龄前的孩子,将玩与学结合在一起,让孩子们一边玩一边学,不仅有趣,而且有助于开发孩子的智力。

(13) 我的第一本专注力训练书.美国迪士尼公司.人民邮电出版社,2012年.该书精选《看到找不到》系列最经典和最受欢迎的形象页面,增加了专注能量级的划分和"目标锁定"等小细节,提升孩子寻找之后的成就感,逐步提升专注力、记忆力、观察力三大能力。

(14) 迪士尼N次写:玩转数学+学写汉字.童趣出版有限公司.人民邮电出版社,2008年.该套书是"为3到6岁儿童量身打造,可反复擦写的游戏书。内容浅显易懂、深入浅出;形式活泼有趣,快乐轻松地培养孩子的学习兴趣。

推荐家长书目

(1) 陈婕.蜗牛牵我去散步[M].北京:北京大学出版社,2013.

(2) 天宝·葛兰汀著.我心看世界:天宝解析孤独症谱系障碍[M].燕原译.北京:华夏出版社出版,2012.

(3) 苏雪云主编.自闭谱系障碍儿童早期干预丛书[M].北京:北京大学出版社,2013.

(4) 天宝·葛兰汀.社交潜规则:以孤独症视角解析社交奥秘[M].刘昊,付传彩,张凤译.北京:华夏出版社,2013.

(5) 英格索尔.自闭症儿童社交游戏训练——给父母及训练师的指南[M].郑铮译.北京:中国轻工业出版社,2012.

(6) 艾伦·诺波姆.孤独症孩子希望你知道的十件事[M].刘敏珍译.北京:中国妇女出版社,2012.

(7) Toni W. Linder.在游戏中评价儿童——以游戏为基础的跨学科儿童评价法[M].陈学锋,江泽菲等译.上海:华东师范大学出版社,2008.

(8) Toni W. Linder.在游戏中发展儿童——以游戏为基础的

跨学科儿童干预法[M].陈学锋、江泽菲等译.上海:华东师范大学出版社,2008.

(9) Ron Leaf & John McEachin.孤独症儿童行为管理策略及行为治疗课程[M].蔡飞译.北京:华夏出版社,2008.

(10) 黄伟合,贺荟中.功能性行为评估与干预[M].北京:华夏出版社,2013.

(11) Greenspan & Wieder & Simons.特殊儿教养宝典:促进智力和情绪成长的全新疗法——地板时光疗法[M].刘琼瑛译.台北:智园出版有限公司,2010.

(12) 普拉特.奇迹般的童年(0~5岁儿童发展与教育指南)[M].张文新译.济南:山东科学技术出版社,2007.

(13) 陈金燕.自闭症孩子的春天(一本给自闭儿父母及训练师的实用操作手册)[M].北京:中国妇女出版社,2013.

(14) 王梅.孤独症儿童情绪调整与人际交往训练指南[M].北京:中国妇女出版社,2009.

(15) 甄岳来.孤独症儿童社会性教育指南[M].北京:中国妇女出版社,2008.

(16) 明石洋子.与自闭症儿子同行1:原汁原味的育儿[M].洪波译.北京:华夏出版社,2012.

(17) 明石洋子.与自闭症儿子同行2:通往自立之路[M].洪波译.北京:华夏出版社,2012.

（18）黑柳彻子.窗边的小豆豆[M].赵玉皎译.北京：南海出版公司,2003.

（19）Greenspan,Stanley I. & Wieder,Serena.自闭症儿童社会情绪技能训练特殊儿教养宝典：促进智力和情绪成长的全新疗法——地板时光疗法[M].刘琼瑛译.台北：久周文化,2005.

（20）Kathleen Ann Quill.做看听说——自闭症儿童社会与沟通技能介入手册[M].杨宗仁等译.北京：心理出版社,2010.

（21）布卢玛.波特奇早期教育方法[M].北京：人民教育出版社,2001.

（22）王和平.特殊儿童的感觉统合训练.北京：北京大学出版社,2011.

（23）于帆.亲子早教方案：中国儿童感觉统合游戏（0～6岁）.北京：北京大学出版社,2011.

（24）周念丽.自闭谱系障碍儿童的发展与教育.北京：北京大学出版社,2011.

理解自闭谱系障碍和早期干预

三 推荐app

(1) 协康会—儿童情境学习：辑录了一系列程序故事和社交故事，盼望透过成人的教导，孩子能更快学会环境中的新事物，使其能轻松愉快地投入在不同的活动中。

(2) 布朗博士的自闭症DX：是一种短的信息式应用程序，这一程序的设计旨在帮助你发现适合于您孩子的自闭症诊断和治疗方式。此应用程序包含了有效且易于理解的信息，可以同时帮助你和你的孩子。

(3) 图片沟通辅助：是一款能够通过简单的画面交换系统帮助自闭症患者进行沟通的应用程序。图片沟通辅助APP能帮助语言障碍者建立实用的沟通技巧，有效地与他人沟通，并训练及促进他们的语言发展。

(4)《谁在那里?》这是一本由动画图片组成的电子书籍，专为2岁及以上的学习水平的儿童设计，旨在带来互动，娱乐和惊喜。

(5) 儿童睡前小故事：伴着神秘而又优美的小故事，在孩童身边清幽讲述，看着孩子熟睡的脸庞，睡前小故事为孩子们创造了一个美丽的梦中世界,亦梦亦实,梦中继续着故事的神秘精彩,睡前小故事是您孩子床边的响铃,睡前的摇篮曲。

(6) 一点点爱.同伴交往:收录了三个故事,通过温馨的童话,让孩子学会乐于助人、表达善意,懂得为他人着想。每个故事还配有"专家的话"和"妈妈的话",帮助成人指导幼儿阅读。

(7) 鬼脸—儿童游戏:比较简单的换脸游戏,选择不同的脸,改变眉毛、眼睛、鼻子和嘴,组合成不同的鬼脸。

(8) 笨笨熊的故事——桔子月亮:可以录制自己的声音播放给孩子听,里面还有很多有趣的小游戏以及5个不同的语言版本的支持。

(9) 亲子互动游戏大全:提供线上最丰富最齐全的亲子游戏教程,满足宝贝多元智能开发的需求,促进亲子和谐发展,增进亲子情感联系。有数学、识字、国学、音乐、故事、拼图等多种游戏形式。

(10) 找出安全隐患:幼儿安全知识益智游戏。

(11) My little Baby——我的小宝宝:一款照料小宝宝生活起居、玩耍陪伴的小游戏。

(12) 酷狗 Fashion Show:给这只可爱的小狗换上各种衣服、鞋子、帽子和眼镜,让儿童学习衣物搭配。

（13）WKISS32：给小姑娘换衣服和鞋袜，帮助儿童学习服饰搭配。

（14）打地鼠：是一种既惊险又刺激的游戏，游戏者必须以最敏捷的动作，正确击中从地洞中突然冒出的地鼠，否则地鼠随时会立即钻入地洞中。

（15）托马斯小火车：是一款游戏合集，它包含了拼图、火车运输以及找相同的卡片三个游戏。

（16）会说话的汤姆猫：会说话的汤姆猫会重复一切你所说的话，你还可以喂养它，戳和打它，你甚至可以抓起汤姆来体验它带给你的乐趣和笑声。

（17）水果忍者：是一款刺激好玩、容易上手却叫人难以离手的动作游戏，玩家将会在游戏中扮演一个讨厌水果的忍者，用锋利的刀切开各种水果。

（18）宝贝拍拍鼓：拥有可爱的游乐场和超萌的卡通形象，熟悉的音乐，让童年充满乐趣；简单的操作，跟随音乐拍出完美连击；绚丽的彩虹模式，让击鼓不再单调。

（19）Working on the Railroad：提供身临其境的场景，让你在铁路上体验令人兴奋的学习游戏和冒险。

（20）How to draw：本课程就像您的美术家教，能教您如何绘制数十种不同的物件，并创作美妙的图画

（21）宝宝乐——婴幼儿认知必备：是专门针对0～3岁婴幼儿

设计开发的,可以帮助婴幼儿一开始就接触标准的发音,以免孩子误入歧途。

(22) Dr. Panda 超市：是一款休闲游戏,孩子们将通过寓教于乐的超市主题的迷你游戏熟悉超市运作并培养货币意识。

(23) Dr. Panda 果蔬园：是一款休闲游戏,让孩子们了解盘中的水果和蔬菜是如何栽培和收获的,同时还会让孩子们熟悉番茄、玉米、小麦和柑橘等许多水果和蔬菜的栽培步骤。

(24) 看动物,听声音：收集了十来个小动物,点击小动物,小动物会发出叫声,可以教宝宝来认识动物。

(25) 少儿馆：本套系列谜语是针对0～10岁这个年龄段的宝宝了解生活中常见事物,加深对生活认识的需要而精心编制的。包括《形状篇》《水果蔬菜篇》《汉字》《动物篇》《生活用品篇》《交通工具篇》《食物篇》等7部分。

四 推荐网站

(1) 中国孤独症支援网,http://www.guduzheng.net/

(2) 太平洋亲子网宝宝知库,http://book.pcbaby.com.cn/

(3) 中国残疾人联合会,http:// www.cdpf.org.cn

(4) Autism Society,http://www.autism-society.org/

(5) Autism Speaks,http://www.autismspeaks.org/

(6) 香港协康会,http://www.heephong.org/

参考文献

[1] A Parent's Guide to Autism, http://www.autismspeaks.org/family-services/tool-kits/family-support-tool-kits, 2013-09-28.

[2] American Psychiatric Association (APA). (2000). Diagnostic and Statistical Manual of Mental Disorders (4th ed. —Revised). Washington, DC: American Psychiatric Association.

[3] American Psychiatric Association (APA). (2013). Diagnostic and Statistical Manual of Mental Disorders (5th ed. —Revised). Washington, DC: American Psychiatric Association.

[4] Baker, D. L. (2011). The Politics of neurodiversity: why public policy matter. Boulder, CO: Lynne Rienner.

[5] Avery C. Voos, Kevin A. Pelphrey, Jonathan Tirrell, Danielle Z. Bolling, Brent Vander Wyk, Martha D. Kaiser, James C. McPartland, Fred R. Volkmar, Pamela Ventola. (2013). Neural Mechanisms of Improvements in Social Motivation After Pivotal Response Treatment: Two Case Studies.

Journal of Autism and Developmental Disorders, Volume 43, Issue 1, pp. 1—10.

[6] Fein, D., Barton, M., Eigsti, I.-M., Kelley, E., Naigles, L., Schultz, R. T., Stevens, M., Helt, M., Orinstein, A., Rosenthal, M., Troyb, E. and Tyson, K. (2013), Optimal outcome in individuals with a history of autism. Journal of Child Psychology and Psychiatry, 54: 195—205.

[7] Kapp, S. K., Gillespie-Lynch, K., Sherman, L. E., & Hutman, T. (2013). Deficit, Difference, or Both? Autism and Neurodiversity. Developmental Psychology, 49 (1), 59—71.

[8] Lubetsky, M. J., McGonigle, J. J., & Handen, B. L. (2008). Recognition of autism spectrum disorder. Speaker's Journal, 8 (4), 13—23.

[9] Myers SM, Johnson CP. Management of children with autism spectrum disorders. *Pediatrics*, 2007 Nov;120(5):1162—82.

[10] 100 Day Kit: A tool kit to assist families in getting the critical information they need in the first 100 days after an autism diagnosis. www.autismspreaks.org. 2013-7-20.

[11] R. A. McWilliam. (2010). Routines-based Early Intervention. Paul. H. Brookes Publishing Co. P. 3.

[12] Rogers, S. J., Dawson, G., & Vismara, L. A. (2012). An Early Start for your child with Autism. NY: The Guilford Press Su, X. Y., Long, T., Chen, L. J., & Fang, J. M. (2013). Early Intervention for Children with ASD in China: A Family Perspective, Infants and Young Children, Vol 26(2):111—125.

[13] Woods, J. (2008, March 25). Providing Early Intervention Services in Natural Environments. The ASHA Leader.

[14] 陈顺森,白学军,张日昇.自闭谱系障碍的症状、诊断与干预[J].心理科学进展.2011,19(1),60—72.

[15] 傅宏.孤独症病因模式与治疗选择[J].中国特殊教育,2001(2),41—44.

[16] 李诺,刘振寰.中医对自闭症的认识及治疗现状[J].中国中西医结合儿科学.2009,1(2),150—152.

[17] 中华人民共和国教育部,联合国儿童基金会.0～6岁儿童发展里程碑[M].2012:5.

[18] 我国百万自闭症患儿受关注 政府给予政策支持.新京报.http://www.liaofan9.com/news/arc/2035.html.2010-04-02.

[19] 艾伦·诺波姆.孤独症孩子希望你知道的十件事[M].刘敏珍译.北京:中国妇女出版社.2012.

[20] 陈婕著.蜗牛牵我去散步[M].北京：北京大学出版社,2013.

[21] 天宝·葛兰汀.我心看世界:天宝解析孤独症谱系障碍[M].燕原译.北京：华夏出版社出版,2012.

[22] Toni W. Linder.在游戏中评价儿童——以游戏为基础的跨学科儿童评价法[M].陈学锋、江泽菲等译.上海:华东师范大学出版社,2008.

[23] Toni W. Linder.在游戏中发展儿童——以游戏为基础的跨学科儿童干预法[M].陈学锋、江泽菲等译.上海:华东师范大学出版社,2008.

[24] Ron Leaf & John McEachin.孤独症儿童行为管理策略及行为治疗课程[M].蔡飞译.北京:华夏出版社,2008.

[25] 英格索尔.自闭症儿童社交游戏训练——给父母及训练师的指南[M].郑铮译.北京：中国轻工业出版社,2012.

北京大学出版社
教育出版中心 精品图书

21世纪高校广播电视专业系列教材
电视节目策划教程（第二版）	项仲平
电视导播教程（第二版）	程晋
电视文艺创作教程	王建辉
广播剧创作教程	王国臣
电视导论	李欣
电视纪录片教程	卢炜
电视导演教程	袁立本
电视摄像教程	刘荃
电视节目制作教程	张晓锋
视听语言	宋杰
影视剪辑实务教程	李琳
影视摄制导论	朱怡
新媒体短视频创作教程	姜荣文
电影视听语言——视听元素与场面调度案例分析	李骏
影视照明技术	张兴
影视音乐	陈斌
影视剪辑创作与技巧	张拓
纪录片创作教程	潘志琪
影视拍摄实务	翟臣

21世纪信息传播实验系列教材（徐福荫 黄慕雄 主编）
网络新闻实务	罗昕
多媒体软件设计与开发	张新华
播音与主持艺术（第三版）	黄碧云 睢凌
摄影基础（第二版）	张红 钟日辉 王首农

21世纪数字媒体专业系列教材
视听语言	赵慧英
数字影视剪辑艺术	曾祥民
数字摄像与表现	王以宁
数字摄影基础	王朋娇
数字媒体设计与创意	陈卫东

数字视频创意设计与实现（第二版）	王靖
大学摄影实用教程（第二版）	朱小阳
大学摄影实用教程	朱小阳

21世纪教育技术学精品教材（张景中 主编）
教育技术学导论（第二版）	李芒 金林
远程教育原理与技术	王继新 张屹
教学系统设计理论与实践	杨九民 梁林梅
信息技术教学论	雷体南 叶良明
信息技术与课程整合（第二版）	赵呈领 杨琳 刘清堂
教育技术学研究方法（第三版）	张屹 黄磊

21世纪高校网络与新媒体专业系列教材
文化产业概论	尹章池
网络文化教程	李文明
网络与新媒体评论	杨娟
新媒体概论	尹章池
新媒体视听节目制作（第二版）	周建青
融合新闻学导论（第二版）	石长顺
新媒体网页设计与制作（第二版）	惠悲荷
网络新媒体实务	张合斌
突发新闻教程	李军
视听新媒体节目制作	邓秀军
视听评论	何志武
出镜记者案例分析	刘静 邓秀军
视听新媒体导论	郭小平
网络与新媒体广告（第二版）	尚恒志 张合斌
网络与新媒体文学	唐东堰 雷奕
全媒体新闻采访写作教程	李军
网络直播基础	周建青
大数据新闻传媒概论	尹章池

21世纪特殊教育创新教材·理论与基础系列
特殊教育的哲学基础	方俊明
特殊教育的医学基础	张婷

融合教育导论（第二版）	雷江华
特殊教育学（第二版）	雷江华 方俊明
特殊儿童心理学（第二版）	方俊明 雷江华
特殊教育史	朱宗顺
特殊教育研究方法（第二版）	杜晓新 宋永宁 等
特殊教育发展模式	任颂羔

21世纪特殊教育创新教材·发展与教育系列

视觉障碍儿童的发展与教育	邓猛
听觉障碍儿童的发展与教育（第二版）	贺荟中
智力障碍儿童的发展与教育（第二版）	刘春玲 马红英
学习困难儿童的发展与教育（第二版）	赵微
自闭症谱系障碍儿童的发展与教育	周念丽
情绪与行为障碍儿童的发展与教育	李闻戈
超常儿童的发展与教育（第二版）	苏雪云 张旭

21世纪特殊教育创新教材·康复与训练系列

特殊儿童应用行为分析（第二版）	李芳 李丹
特殊儿童的游戏治疗	周念丽
特殊儿童的美术治疗	孙霞
特殊儿童的音乐治疗	胡世红
特殊儿童的心理治疗（第三版）	杨广学
特殊教育的辅具与康复	蒋建荣
特殊儿童的感觉统合训练（第二版）	王和平
孤独症儿童课程与教学设计	王梅

21世纪特殊教育创新教材·融合教育系列

融合教育本土化实践与发展	邓猛 等
融合教育理论反思与本土化探索	邓猛
融合教育实践指南	邓猛
融合教育理论指南	邓猛
融合教育导论（第二版）	雷江华
学前融合教育（第二版）	雷江华 刘慧丽

21世纪特殊教育创新教材（第二辑）

特殊儿童心理与教育（第二版）	杨广学 张巧明 王芳
教育康复学导论	杜晓新 黄昭明
特殊儿童病理学	王和平 杨长江
特殊学校教师教育技能	昝飞 马红英

自闭谱系障碍儿童早期干预丛书

如何发展自闭谱系障碍儿童的沟通能力	朱晓晨 苏雪云
如何理解自闭谱系障碍和早期干预	苏雪云
如何发展自闭谱系障碍儿童的社会交往能力	吕梦 杨广学
如何发展自闭谱系障碍儿童的自我照料能力	倪萍萍 周波
如何在游戏中干预自闭谱系障碍儿童	朱瑞 周念丽
如何发展自闭谱系障碍儿童的感知和运动能力	韩文娟 徐芳 王和平
如何发展自闭谱系障碍儿童的认知能力	潘前前 杨福义
自闭症谱系障碍儿童的发展与教育	周念丽
如何通过音乐干预自闭谱系障碍儿童	张正琴
如何通过画画干预自闭谱系障碍儿童	张正琴
如何运用ACC促进自闭谱系障碍儿童的发展	苏雪云
孤独症儿童的关键性技能训练法	李丹
自闭症儿童家长辅导手册	雷江华
孤独症儿童课程与教学设计	王梅
融合教育理论反思与本土化探索	邓猛
自闭症谱系障碍儿童家庭支持系统	孙玉梅
自闭症谱系障碍儿童团体社交游戏干预	李芳
孤独症儿童的教育与发展	王梅 梁松梅

特殊学校教育·康复·职业训练丛书

（黄建行 雷江华 主编）

信息技术在特殊教育中的应用	
智障学生职业教育模式	
特殊教育学校学生康复与训练	
特殊教育学校校本课程开发	
特殊教育学校特奥运动项目建设	

21世纪学前教育专业规划教材

学前教育概论	李生兰
学前教育管理学（第二版）	王雯
幼儿园课程新论	李生兰
幼儿园歌曲钢琴伴奏教程	果旭伟

幼儿园舞蹈教学活动设计与指导（第二版） 董 丽	
实用乐理与视唱（第二版） 代 苗	
学前儿童美术教育 冯婉贞	
学前儿童科学教育 洪秀敏	
学前儿童游戏 范明丽	
学前教育研究方法 郑福明	
学前教育史 郭法奇	
学前教育政策与法规 魏 真	
学前心理学 涂艳国 蔡 艳	
学前教育理论与实践教程 王 维 王维娅 孙 岩	
学前儿童数学教育与活动设计 赵振国	
学前融合教育（第二版） 雷江华 刘慧丽	
幼儿园教育质量评价导论 吴 钢	
幼儿学习与教育心理学 张 莉	
学前教育管理 虞永平	

大学之道丛书精装版

美国高等教育通史　　　　　　　　［美］亚瑟·科恩
知识社会中的大学　　　　　　［英］杰勒德·德兰迪
大学之用（第五版）　　　　　　　［美］克拉克·克尔
营利性大学的崛起　　　　　　　　［美］理查德·鲁克
学术部落与学术领地：知识探索与学科文化
　　　　　　　　　　［英］托尼·比彻　保罗·特罗勒尔
美国现代大学的崛起　　　　　　［美］劳伦斯·维赛
教育的终结——大学何以放弃了对人生意义的追求
　　　　　　　　　　　　　　　［美］安东尼·T.克龙曼
世界一流大学的管理之道——大学管理研究导论 程 星
后现代大学来临？
　　　　　　［英］安东尼·史密斯 弗兰克·韦伯斯特

大学之道丛书

市场化的底限　　　　　　　　　　［美］大卫·科伯
大学的理念　　　　　　　　　　　［英］亨利·纽曼
哈佛：谁说了算　　　　　　　［美］理查德·布瑞德利
麻省理工学院如何追求卓越
　　　　　　　　　　　　　　　［美］查尔斯·维斯特
大学与市场的悖论　　　　　　　　［美］罗杰·盖格
高等教育公司：营利性大学的崛起
　　　　　　　　　　　　　　　　［美］理查德·鲁克
公司文化中的大学：大学如何应对市场化压力
　　　　　　　　　　　　　　　［美］埃里克·古尔德

美国高等教育质量认证与评估
　　　　　　　　　　　　［美］美国中部州高等教育委员会
现代大学及其图新　　　　［美］谢尔顿·罗斯布莱特
美国文理学院的兴衰——凯尼恩学院纪实
　　　　　　　　　　　　　　　　［美］P.F.克鲁格
教育的终结：大学何以放弃了对人生意义的追求
　　　　　　　　　　　　　　　［美］安东尼·T.克龙曼
大学的逻辑（第三版）　　　　　　　　　　张维迎
我的科大十年（续集）　　　　　　　　　　孔宪铎
高等教育理念　　　　　　　　　［英］罗纳德·巴尼特
美国现代大学的崛起　　　　　　［美］劳伦斯·维赛
美国大学时代的学术自由　　　　［美］沃特·梅兹格
美国高等教育通史　　　　　　　　［美］亚瑟·科恩
美国高等教育史　　　　　　　　　［美］约翰·塞林
哈佛通识教育红皮书　　　　　　　　　　哈佛委员会
高等教育何以为"高"——牛津导师制教学反思
　　　　　　　　　　　　　　　［英］大卫·帕尔菲曼
印度理工学院的精英们　　　　　［印度］桑迪潘·德布
知识社会中的大学　　　　　　［英］杰勒德·德兰迪
高等教育的未来：浮言、现实与市场风险
　　　　　　　　　　　　　　　［美］弗兰克·纽曼等
后现代大学来临？　　　　　　［美］安东尼·史密斯等
美国大学之魂　　　　　　　　［美］乔治·M.马斯登
大学理念重审：与纽曼对话
　　　　　　　　　　　　　［美］雅罗斯拉夫·帕利坎
学术部落及其领地——当代学术界生态揭秘（第二版）
　　　　　　　　　［英］托尼·比彻 保罗·特罗勒尔
德国古典大学观及其对中国大学的影响（第二版）陈洪捷
转变中的大学：传统、议题与前景　　　　　郭为藩
学术资本主义：政治、政策和创业型大学
　　　　　　　　　　　　［美］希拉·斯劳特 拉里·莱斯利
21世纪的大学　　　　　　　　［美］詹姆斯·杜德斯达
美国公立大学的未来
　　　　　　　［美］詹姆斯·杜德斯达 弗瑞斯·沃马克
东西象牙塔　　　　　　　　　　　　　　　孔宪铎
理性捍卫大学　　　　　　　　　　　　　　眭依凡

学术规范与研究方法系列

如何为学术刊物撰稿（第三版）
　　　　　　　　　　　　　　　　［英］罗薇娜·莫瑞

如何查找文献（第二版）	［英］萨莉·拉姆齐
给研究生的学术建议（第二版）	［英］玛丽安·彼得 等
社会科学研究的基本规则（第四版）	［英］朱迪斯·贝尔
做好社会研究的10个关键	［英］马丁·丹斯考姆
如何写好科研项目申请书	［美］安德鲁·弗里德兰德等
教育研究方法（第六版）	［美］梅瑞迪斯·高尔等
高等教育研究：进展与方法	［英］马尔科姆·泰特
如何成为学术论文写作高手	［美］华乐丝
参加国际学术会议必须要做的那些事	［美］华乐丝
如何成为优秀的研究生	［美］布卢姆
结构方程模型及其应用	易丹辉 李静萍
学位论文写作与学术规范（第二版）	李 武 毛远逸 肖东发
生命科学论文写作指南	［加］白青云
法律实证研究方法（第二版）	白建军
传播学定性研究方法（第二版）	李 琨

21世纪高校教师职业发展读本

如何成为卓越的大学教师	［美］肯·贝恩
给大学新教员的建议	［美］罗伯特·博伊斯
如何提高学生学习质量	［英］迈克尔·普洛瑟 等
学术界的生存智慧	［美］约翰·达利等
给研究生导师的建议（第2版）	［英］萨拉·德拉蒙特等

21世纪教师教育系列教材·物理教育系列

中学物理教学设计	王 霞
中学物理微格教学教程（第三版）	张军朋 詹伟琴 王 恬
中学物理科学探究学习评价与案例	张军朋 许桂清
物理教学论	邢红军
中学物理教学法	邢红军
中学物理教学评价与案例分析	王建中 孟红娟
中学物理课程与教学论	张军朋 许桂清
物理学习心理学	张军朋
中学物理课程与教学设计	王 霞

21世纪教育科学系列教材·学科学习心理学系列

数学学习心理学（第三版）	孔凡哲
语文学习心理学	董蓓菲

21世纪教师教育系列教材

教育心理学（第二版）	李晓东
教育学基础	庞守兴
教育学	佘文森 王 晞
教育研究方法	刘淑杰
教育心理学	王晓明
心理学导论	杨凤云
教育心理学概论	连 榕 罗丽芳
课程与教学论	李 允
教师专业发展导论	于胜刚
学校教育概论	李清雁
现代教育评价教程（第二版）	吴 钢
教师礼仪实务	刘 霄
家庭教育新论	闫旭蕾 杨 萍
中学班级管理	张宝书
教育职业道德	刘亭亭
教师心理健康	张怀春
现代教育技术	冯玲玉
青少年发展与教育心理学	张 清
课程与教学论	李 允
课堂与教学艺术（第二版）	孙菊如 陈春荣
教育学原理	靳淑梅 许红花
教育心理学	徐 凯

21世纪教师教育系列教材·初等教育系列

小学教育学	田友谊
小学教育学基础	张永明 曾 碧
小学班级管理	张永明 宋彩琴
初等教育课程与教学论	罗祖兵
小学教育研究方法	王红艳
新理念小学数学教学论	刘京莉
新理念小学音乐教学论（第二版）	吴跃跃

教师资格认定及师范类毕业生上岗考试辅导教材

教育学	余文森 王 晞
教育心理学概论	连 榕 罗丽芳

21世纪教师教育系列教材·学科教育心理学系列

语文教育心理学	董蓓菲
生物教育心理学	胡继飞

21世纪教师教育系列教材·学科教学论系列

新理念化学教学论（第二版）	王后雄
新理念科学教学论（第二版）	崔 鸿 张海珠
新理念生物教学论（第二版）	崔 鸿 郑晓慧
新理念地理教学论（第三版）	李家清
新理念历史教学论（第二版）	杜 芳
新理念思想政治（品德）教学论（第三版）	胡田庚
新理念信息技术教学论（第二版）	吴军其
新理念数学教学论	冯 虹
新理念小学音乐教学论（第二版）	吴跃跃

21世纪教师教育系列教材·语文教育系列

语文文本解读实用教程	荣维东
语文课程教师专业技能训练	张学凯 刘丽丽
语文课程与教学发展简史	武玉鹏 王从华 黄修志
语文课程学与教的心理学基础	韩雪屏 王朝霞
语文课程名师名课案例分析	武玉鹏 郭治锋等
语用性质的语文课程与教学论	王元华
语文课堂教学技能训练教程（第二版）	周小蓬
中外母语教学策略	周小蓬
中学各类作文评价指引	周小蓬
中学语文名篇新讲	杨朴 杨旸
语文教师职业技能训练教程	韩世姣

21世纪教师教育系列教材·学科教学技能训练系列

新理念生物教学技能训练（第二版）	崔 鸿
新理念思想政治（品德）教学技能训练（第三版）	胡田庚 赵海山
新理念地理教学技能训练（第二版）	李家清
新理念化学教学技能训练（第二版）	王后雄
新理念数学教学技能训练	王光明

王后雄教师教育系列教材

教育考试的理论与方法	王后雄
化学教育测量与评价	王后雄
中学化学实验教学研究	王后雄
新理念化学教学诊断学	王后雄

西方心理学名著译丛

儿童的人格形成及其培养	［奥地利］阿德勒
活出生命的意义	［奥地利］阿德勒
生活的科学	［奥地利］阿德勒
理解人生	［奥地利］阿德勒
荣格心理学七讲	［美］卡尔文·霍尔
系统心理学：绪论	［美］爱德华·铁钦纳
社会心理学导论	［美］威廉·麦独孤
思维与语言	［俄］列夫·维果茨基
人类的学习	［美］爱德华·桑代克
基础与应用心理学	［德］雨果·闵斯特伯格
记忆	［德］赫尔曼·艾宾浩斯
实验心理学（上下册）	［美］伍德沃斯 施洛斯贝格
格式塔心理学原理	［美］库尔特·考夫卡

21世纪教师教育系列教材·专业养成系列（赵国栋主编）

微课与慕课设计初级教程	
微课与慕课设计高级教程	
微课、翻转课堂和慕课设计实操教程	
网络调查研究方法概论（第二版）	
PPT云课堂教学法	
快课教学法	

其他

三笔字楷书书法教程（第二版）	刘慧龙
植物科学绘画——从入门到精通	孙英宝
艺术批评原理与写作（第二版）	王洪义
学习科学导论	尚俊杰
艺术素养通识课	王洪义